KB268886

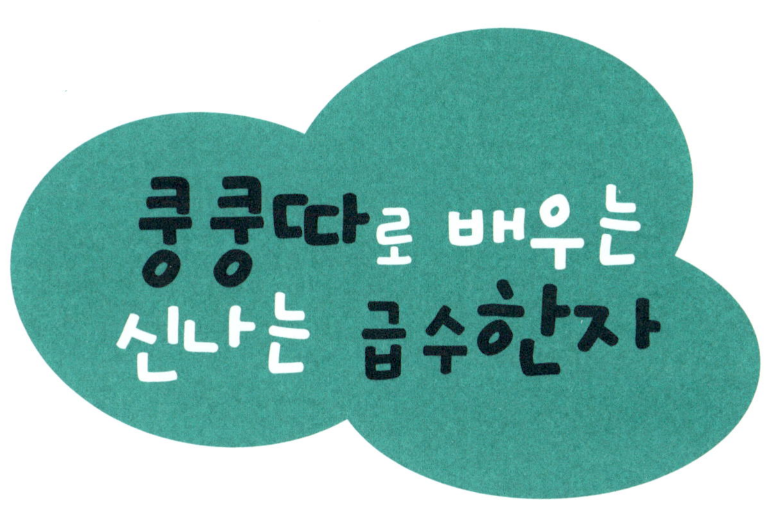

엮음 | 한경어문연구회(韓經語文研究會)

한국경제신문

쿵 쿵따로 배우는 신나는 급수한자

엮음 / 한경어문연구회
기획 / 이음새
구성 / 배성희
펴낸이 / 김경태
펴낸곳 / 한국경제신문 한경BP
등록 / 제2-315(1967. 5. 15)
홈페이지 / http://bp.hankyung.com
제1판 제1쇄 인쇄 / 2003년 4월 25일
제1판 제1쇄 발행 / 2003년 4월 30일
주소 / 서울특별시 중구 중림동 441
기획출판팀 / (02)3604-565~6
영업마케팅 / (02)3604-561~2, 595
FAX / (02)3604-599
협찬 / (주)반도스포츠

＊파본이나 잘못된 책은 바꿔 드립니다.
ISBN 89-475-2425-5

값 8,900원

　우리가 일상 생활에서 사용하는 말 중에는 한자어가 많이 포함되어 있습니다. 같은 소리가 나는 말이나 글도 속뜻이 전혀 다른 경우가 있고, 유사한 단어들도 많아 그 뜻을 이해하는 데 혼란을 겪기도 합니다. 이러한 경우 그 말에 쓰인 한자를 통해 뜻을 온전하게 이해할 수 있습니다.

　이 책은 한자를 배우고 싶어하면서도 망설이는 어린이들을 위해 재미있고 친숙한 방법으로 한자를 익힐 수 있도록 구성되어 있습니다. 각 장마다 펼쳐지는 '쿵쿵따 친구들'의 발랄한 이야기와 게임을 좇아가다 보면, 제시어인 한자성어와 쿵쿵따 게임 속에 나열되는 단어를 통해 어느 새 한자와 가까워지게 됩니다.

　각각의 이야기에 쓰인 한자는 바로바로 그 뜻을 이해할 수 있게끔 본문 하단에 설명을 붙였으며, 게임에서 사용된 단어들은 한국어문회에서 주관하는 한자능력검정시험에 대비할 수 있도록 4급 급수 한자 1,000자를 모두 포함하고 있습니다. 또한 음, 훈, 부수, 총 획수, 예문 등을 꼼꼼하게 덧붙여 놓았습니다.

　총 여섯 개의 장으로 구성된 이 책은 인터넷, 축구 시합, 동물원 등 각 장마다 하나의 테마로 이루어져 있습니다. 이 책에 등장하는 쿵쿵따 친구들의 이야기는 종종 배꼽 빠지게 웃기기도 하고, 때로는 잔잔한 감동을 안겨 주기도 합니다. 또한 웃어른에 대한 공경심, 서로에 대해 지켜야 할 예의, 참된 우정, 공공 장소에서 준수해야 할 규범들에 대해서도 생각해 보는 계기가 될 것입니다.

　각 장의 끝 부분에는 한자의 유래, 제작원리, 부수 색인, 약자·속자 등의 다양한 자료들을 부록으로 싣고 있습니다. 이와 함께 한자 크로스 퍼즐을 통해 자신의 실력을 시험해 볼 수 있도록 했습니다. 우리는 또한 이 책이 단순한 수험서의 역할 만을 하는 것이 아니라, 생활에 밀착되어 있는 교양서로 읽히기를 바랍니다.

　우리 나라는 오래 전부터 한자 문화권에 속해 있었기 때문에 한자를 익히는 것은 우리 전통의 문화를 익힐 수 있는 한 가지 방법이기도 합니다. 이 책을 통해 전통적인 사상과 정서와 정체성을 경험함으로써 자신과 주변을 살펴보고, 건강한 의식을 가꾸어 나갈 수 있는 계기가 되었으면 합니다.

　한자를 익힘으로써 이해력을 높이게 되면, 자연히 자신의 의견을 정확하게 전달할 수 있는 표현력과 응용력이 커지게 되고 일반적인 학습에서도 자신감을 얻게 될 것입니다. 무엇보다도 현대 사회의 필수 요소인 정보를 받아들이고 분석하는 능력이 향상되어 21세기 정보화 사회에 대응할 수 있는 힘을 기를 수 있습니다.

　이 책을 읽는 어린이 여러분들의 발전을 기원합니다.

2003년 4월
한경어문연구회

어린이 여러분 안녕하세요.

이렇게 책으로 만나게 되어 반갑습니다.

처음에 출판사로부터 이 책의 구성 의뢰를 받았을 때 방송국에서 호동, 재석, 휘재, 한석 오빠들과 쿵쿵따 프로그램을 할 때만큼이나 재미있겠다는 생각을 했답니다. 더구나 학습에 도움이 되는 책이라고 하니 보람도 느꼈고요.

책을 구성하면서 가장 먼저 생각한 것은 '재미있게 공부하자' 였습니다.

한자 중에 워낙 복잡하게 생긴 것이 많아서 왠지 낯설고 딱딱하게 느껴지기도 합니다. 그런 부담감을 줄이기 위해 이 책은 쿵쿵따 게임을 이용해 재미있게 만들었습니다.

제가 초등학교에 다닐 때 노래를 통해 산맥 이름이나 알파벳을 외웠던 적이 있습니다. 노래로 외울 경우 그냥 외우는 것보다 한결 효과가 있었던 기억이 나네요. 노래의 흥겨운 박자를 타면서 저절로 연상 작용이 일어나 다음에 나올 단어나 글자가 쉽게 떠올랐거든요. 쿵쿵따 게임도 일정한 규칙과 리듬을 가지고 있기 때문에 익숙해지면 한 번 익힌 단어를 좀더 오래 기억할 수 있답니다. 한 글자가 서로 다른 단어에서 어떻게 쓰이는지, 같은 소리가 나지만 서로 뜻이 어떻게 다른지 살펴보는 것도 흥미로울 거예요.

처음부터 너무 많은 욕심을 내기보다 자신이 쿵쿵따 게임에 직접 참여하고 있다는 기분으로 읽어 가면 좋을 듯합니다.

자, 이제 함께 시작해 볼까요? 쿵쿵따 친구들의 맹활약도 기대해 주시고, 즐겁고 신나게 한자를 배워 보자고요.

"꿍스~ 꿍스꿍스~ 쿵쿵따리~ 쿵쿵따~ 쿵쿵따리~ 쿵쿵따!"

2003년 4월
KBS '공포의 쿵쿵따' 방송작가
배성희

차례 contents

끝말잇기 한자어

● 끝말잇기 한자어는 2음절, 3음절 낱말로 사용 빈도가 높고, 학교 교육에 기초가 되는 단어를 중심으로 선정했다.
● 끝말잇기 한자어는 〈한자능력검정시험〉 4급 이하에 해당하는 한자를 포함하고 있으며, 해당 한자에는 방점을 표시하고 본문 아래에서 한자 풀이를 했다. 다만 앞서 풀이된 한자에는 방점 표시를 하지 않았다.
● 한자와 우리말이 결합된 합성어는 사용을 피했으며, 한 번 사용된 낱말은 가급적 중복되지 않도록 했다.
● 본문의 한자어는 독음을 먼저 쓰고 괄호 안에 한자를 표기하는 것을 원칙으로 삼았다.

한자 풀이

● 한국어문회가 주관하는 〈한자능력검정시험〉 4급에 해당하는 1,000자를 한자 풀이 대상으로 삼았다.
● 한자 풀이는 음과 훈, 장단음, 부수, 총 획수, 등급 수준을 표기했으며, 이해를 돕기 위해 두 개의 예제를 함께 실었다. 첫 번째 예제는 본문에 나온 낱말이며, 두 번째 예제는 〈한자능력검정시험〉에 출제되었던 단어를 중심으로 선정했다.
● 한 글자가 두 개 이상의 음과 뜻을 가지고 있을 때에는 〈한자능력검정시험〉 4급에서 요구하는 수준까지만 병기했다.
● 장음으로 발음 되는 한자 뒤에서는 ':' 부호를 달아 장음을 표시했다. 장음과 단음이 함께 사용될 때에는 '(:)'로 표시했다.
● 한자 풀이에 일련번호를 붙여 색인을 통해 쉽게 한자를 찾을 수 있도록 했다.
● 예제 설명은 국립국어연구원의 《표준국어대사전》을 참고했으며, 경우에 따라서는 해당 단어를 포함한 예문을 활용하기도 했다.

❶ 이 책의 쿵쿵따 게임은 한자어를 이용한 끝말잇기 게임입니다.
❷ 각 장의 내용과 상황에 맞는 사자성어가 제시어로 나옵니다.
❸ 뒷사람은 앞 사람이 말한 낱말의 끝음절을 첫소리로 하는 낱말을 찾아 이어 갑니다. 이때 말의 운율을 살리기 위해 두 글자, 세 글자를 번갈아 사용해야 합니다.
❹ 두음법칙에 따라 첫 음절에서 'ㄹ'과 'ㄴ'은 'ㅇ' 또는 'ㄴ'으로 변합니다[예를 들면, 자녀(子女) 쿵쿵따 여학생(女學生) 등].
❺ 끝말에 이어 한자어를 말하지 못하거나 순서에 따라 글자 수를 맞추지 못하면 게임에서 지게 됩니다.

1

쿵쿵따 4인방,
인터넷을 잡아라

"**무**슨 일이야?"

게임방에 쓸쓸히 혼자 있다는 재석이의 연락을 받고 헐레벌떡 달려온 휘재가 다급하게 물었다.

하지만 재석이가 이렇다 할 대답을 하지 않는 통에 괜시리 휘재만 속이 탔다. 무슨 큰 일이라도 난 것 같았기 때문이다.

잠시 후 호동과 한석이까지 도착하고 나서야 재석이가 힘겹게 입을 열었다.

"사실은……." 모두가 침을 꿀꺽 삼키며 긴장했다. 그런데 갑자기 얼굴 표정이 환해지면서 재석이가 박장대소(拍掌大笑)를 하는 게 아닌가!

"일은 무슨……. 인터넷 게임은 하고 싶지, 컴퓨터는 고장났지. 나 혼자 게임방에 있기는 억울하지. 그래서 연락한 거야. 헤헤."

정말 어처구니가 없었다. 약이 바짝 오른 친구들은 재석이에게 사이좋게 꿀밤을 한 대씩 먹이는 것으로 분풀이를 대신했다. 그렇지만 집에 멀쩡한 컴퓨터를 두고 게임방까지 오게 된 삼총사는 재석이의 거짓말이 더욱 괘씸하게만 여겨졌다.

이에 미안해진 재석이가 한껏 아양을 떨며 말했다.

"그러지 말고, 우리 여기서 딱 한 게임만 하고 가자, 응?"

재석이의 눈빛이 너무나 간절하다. 4인방은 호동과 재석, 휘재와 한석으로 편을 갈라 요즘 최고의 인기를 모으고 있는 전략 시뮬레이션 게임을 하기로 했다.

있는 힘을 다해 밀어붙였지만 손발이 척척 들어맞지 않아 첫 번째 게임에서 진 호동이와 재석이가 서로 목소리를 높였다.

"야! 말도 없이 혼자서 공격을 나서면 어떡해!"

"형(兄)이 유닛(unit)을 너무 늦게 생산(生産)하니까 그렇지!"

호동이와 재석이는 서로 질세라 말을 맞받아쳤다.

이 때, 한석이가 나서서 말했다.

"초록(草綠)은 동색(同色)이라더니 둘 다 똑같아. 그러니까 시작하기 전에 미리미리 의논(議論)을 했으면 같은 편끼리 싸울 일도 없고 좋잖아."

휘재도 끼여들었다.

"우리는 이런 게임보다는 역시 쿵쿵따가 어울려. 잠시 정리하는 의미(意味)에서 초록동색(草綠同色)으로 쿵쿵따나 한판 하고 계속 할 건지 결정(決定)하자고."

모두가 좋은 제안이라고 찬성하면서, 한석, 휘재, 호동, 재석의 순서로 쿵쿵따 게임이 시작되었다.

草綠同色 초록동색

같은 처지에 있는 사람들끼리 어울린다는 뜻

0001 草 풀 초 | 艹 | 총 10획 7급
[草綠色 초록색] 풀의 빛깔을 띤 녹색
[無名草 무명초] 이름 없는 풀

0002 綠 푸를 록 | 糸 | 총 14획 6급
[綠葉 녹엽] 푸른 나뭇잎
[綠化 녹화] 산·들에 나무를 심어 푸르게 함

0003 色 빛 색 | 色 | 총 6획 7급
[色鉛筆 색연필] 여러 가지 색깔의 연필
[色彩 색채] 빛깔. '색채가 짙다'

0004 素 본디/흴 소(:) | 糸 | 총 10획 4Ⅱ급
[色素 색소] 색깔이 나타나게 해 주는 성분
[素朴 소박] 꾸밈이나 거짓이 없음

0005 消 사라질 소 | 水 | 총 10획 6급
[消費者 소비자] 재화를 소비하는 사람
[消滅 소멸] 사라져 없어짐

0006 姉 손위누이 자 | 女 | 총 8획 4급
[姉妹 자매] 여자끼리의 언니와 동생
[姉兄 자형] 손위 누이의 남편

0007 妹 누이 매 | 女 | 총 8획 4급
[男妹 남매] 오빠와 누이를 아울러 이름
[兄弟姉妹 형제자매] 남자 형제와 여자 형제

"아, 아깝다! 방금 매표소(賣票所) 생각났는데." 한석이가 뒤늦게 무릎을 치며 아쉬워했지만 이미 때는 늦었다. 다시 두 번째 게임이 시작되었다.

0008 豆	콩 두 | 豆 | 총 7획 **4Ⅱ급** [綠豆煎 녹두전] 빈대떡 [豆腐 두부] 콩으로 만든 식품의 하나
0009 傳	전할 전 | 人 | 총 13획 **5급** [傳說 전설] 전해 내려오는 이야기 [傳達 전달] 지시나 명령을 전함
0010 說	말씀 설 / 달랠 세 | 言 | 총 14획 **5급** [說明文 설명문] 이해하기 쉽게 서술한 글 [遊說 유세] 선거 때 주장을 선전하며 다님
0011 文	글월 문 | 文 | 총 4획 **7급** [文語 문어] 대화체가 아닌 문장에서 쓰는 말 [文句 문구] 글의 구절
0012 語	말씀 어: | 言 | 총 14획 **7급** [語法 어법] 말의 일정한 법칙 [國語 국어] 한 나라의 국민이 쓰는 말
0013 魚	물고기 어 | 魚 | 총 11획 **5급** [魚物廛 어물전] 해산물을 파는 가게 [魚種 어종] 물고기의 종류
0014 況	상황 황: | 水 | 총 8획 **4급** [戰況 전황] 전쟁의 실제 상황 [盛況 성황] 사람이 많이 모여 활기찬 분위기
0015 黃	누를 황 | 黃 | 총 12획 **6급** [黃土壁 황토벽] 누렇고 거무스름한 흙 벽 [黃砂 황사] 누런 모래. '황사주의보'

호동이가 재빨리 말했다.

"재석이, 틀렸어. 벽돌은 한자어(漢字語)가 아니잖아."

재석이도 자신(自身)의 실수(失手)가 너무 어이없다는 듯 그만 웃음을 터뜨리고 말았다. 세 번째 게임이 이어졌다.

"꿍스~ 꿍스꿍스~ 쿵쿵따리~ 쿵쿵따~ 쿵쿵따리~ 쿵쿵따!"
동창회(同窓會) 쿵쿵따 **회화**(會話) 쿵쿵따 **화장실**(化粧室) 쿵쿵따
실례(實例) 쿵쿵따 **예술가**(藝術家) 쿵쿵따 **가족**(家族) 쿵쿵따…….

0016 土　흙 토 | 土 | 총 3획 **8급**
[土窟 토굴] 땅 속으로 뚫린 굴
[土俗 토속] 그 지방의 특유한 풍속

0017 壁　벽 벽 | 土 | 총 16획 **4Ⅱ급**
[壁紙 벽지] 벽에 바르는 종이
[壁報 벽보] 벽에 붙여 널리 알리는 글

0018 同　한 가지 동 | 口 | 총 6획 **7급**
[同窓會 동창회] 같은 학교를 졸업한 사람들
[同志 동지] 목적이나 뜻이 같은 사람

0019 窓　창 창 | 穴 | 총 11획 **6급**
[窓門 창문] 벽이나 지붕에 낸 작은 문
[鐵窓 철창] 쇠로 창살을 만든 창문

0020 會　모일 회: | 日 | 총 13획 **6급**
[會話 회화] 서로 만나 이야기를 나눔
[會議 회의] 여럿이 모여 의논함

0021 話　말씀 화 | 言 | 총 13획 **7급**
[話術 화술] 말재주. '화술이 능란하다'
[話題 화제] 이야깃거리

0022 化　될 화(:) | 匕 | 총 4획 **5급**
[化粧室 화장실] '변소' 의 다른 말
[國際化 국제화] '국제화 시대'

0023 室　집 실 | 宀 | 총 9획 **8급**
[室內 실내] 방이나 건물의 안
[居室 거실] 거처하는 방

　　모두들 속으로 은근히 휘재가 한번쯤 걸리기를 기대했지만, 이번 게임에서는 아쉽게도 호동이가 함정에 빠졌다.

　　게임은 네 번째로 넘어갔다.

　　호동이는 어려운 글자가 나오자 멈칫거리다가 자신의 차례를 놓쳐 버리고 말았다.

　　휘재는 그만 게임방에서 나가고 싶어졌다.

0024　例　법식 례: | 人 | 총 8획　6급
[實例 실례] 구체적인 실제의 보기
[例文 예문] 본보기나 용례가 되는 문장

0025　藝　재주 예: | 艸 | 총 19획　4급
[藝術家 예술가] 예술 창작이 직업인 사람
[書藝 서예] 글씨를 붓으로 쓰는 예술

0026　家　집 가: | 宀 | 총 10획　7급
[家族 가족] 혈연으로 이루어진 집단
[家具 가구] 집안 살림에 쓰이는 기구

0027　鉛　납 연 | 金 | 총 13획　4급
[色鉛筆 색연필] 여러 색깔이 나게 만든 연필
[亞鉛 아연] 금속 원소 중 하나

0028　筆　붓 필 | 竹 | 총 12획　5급
[筆筒 필통] 필기구를 꽂아 두는 통
[筆跡 필적] 글씨의 모양이나 솜씨

0029　必　반드시 필 | 心 | 총 5획　5급
[必要 필요] 꼭 요구되는 바가 있음
[必讀書 필독서] 반드시 읽어야 할 책

0030　要　요긴할 요(:) | 襾 | 총 9획　5급
[要注意 요주의] 각별한 주의가 필요함
[要請 요청] 일이 이루어지도록 부탁함

0031　依　의지할 의 | 人 | 총 8획　4급
[依賴 의뢰] 남에게 부탁함
[依存 의존] 다른 것에 의지해 존재함

쿵쿵따 4인방, 인터넷을 잡아라

휘재가 게임방에 있는 것을 탐탁치 않아 해서 네 친구는 초고속(超高速) 통신망(通信網)이 갖추어져 있는 한석이의 집으로 자리를 옮겼다. 누구와 편을 먹어도 늘 투덜대기 일쑤인 호동이와 재석이 때문에 게임은 더 이상 하지 않기로 했다.

한석이가 컴퓨터 앞에 앉으며 말했다.

"너희들, 포털 사이트(portal site)가 무슨 뜻인지 알아?

그러고 보니, 한 번도 정확(正確)한 뜻을 찾아본 적이 없었던 까닭에 아무도 선뜻 대답을 못하고 있었다. 재석이가 물었다.

"그게 무슨 뜻인데?"

"포털(portal)이란 말은 입구(入口) 또는 시작(始作)의 뜻을 담고 있는 영어(英語) 단어(單語)야. 그러니까 인터넷 창(窓)을 띄웠을 때, 인터넷의 바다로 들어가는 첫 페이지로 가장 많이 쓰이기 때문에 이름을 그렇게 지은 거지. 쉽게 말하면 배를 타고 항해를 떠나기 전, 반드시 항구를 통(通)해 배를 타야 하는 것과 같은 이치(理致)라고 보면 돼. 그래서 포털 사이트의 가장 큰 특징은 원하는 정보(情報)를 쉽게 찾을 수 있도록 검색 기능

이 잘 갖추어져 있다는 것이지. 내가 가고자 하는 행선지를 쉽게 찾을 수 있도록 안내(案內) 역할을 하는 것과 같다고 할 수 있어."

한석이가 알아듣기 쉽도록 간략(簡略)하게 설명(說明)하자 모두가 이제야 알겠다는 듯 크게 고개를 끄덕였다.

이 때, 호동이가 한 마디 덧붙였다.

"그런데, 그런 기능을 좋게 이용(利用)하지 않고 가끔 겉으로는 점잖한 척하면서 이상(異常)한 사이트만 찾아 다니는 '표리부동(表裏不同)'한 사람도 종종 보이더라. 그것도 많은 사람이 드나드는 게임방에서 말이야."

휘재도 호동이의 말을 거들며 나섰다.

"그래. 좋아 보이지는 않더라. 그런 것들 말고도 인터넷에는 얼마나 재미있고 유익(有益)한 정보가 많은데."

갑자기 재석이가 끼여들었다.

"앗! 얘들아. 내가 지금 기분(氣分)이 이상해지는 걸 보니까 아무래도 쿵쿵따를 할 시간(時間)이 가까워진 것 같아. 우리 모두 겉 다르고 속 다른 사람이 없는 세상(世上)을 위해 **표리부동** (表裏不同)으로 쿵쿵따 게임이나 한판 하자! 하하하!"

그렇다. 이런 상황에서 쿵쿵따를 안 하고 넘어가면, 그건 더 이상 쿵쿵따 4인방이 아닌 것이다.

재석, 호동, 한석, 휘재의 순서로 재빨리 차례를 정(定)하고 게임은 또 시작되었다.

表裏不同 표리부동

마음이 좋지 않고, 겉과 속이 다름을 이르는 말

0032
表 겉 표 | 衣 · 총 8획 **6급**
[表現 표현] 생각이나 느낌을 나타냄
[表示 표시] 겉으로 드러내 보임

0033
橋 다리 교 | 木 · 총 16획 **5급**
[懸垂橋 현수교] 출렁다리
[橋脚 교각] 다리를 받치는 기둥

0034
敎 가르칠 교: | 攴 · 총 11획 **8급**
[敎會 교회] 기독교 신자들의 모임 장소
[敎師 교사] 학생을 가르치는 사람

0035
校 학교 교: | 木 · 총 10획 **8급**
[登校 등교] 학교에 감
[校長 교장] 학교의 으뜸 직위에 있는 사람

0036
育 기를 육 | 肉 · 총 8획 **7급**
[育成 육성] 길러 자라게 함
[育兒 육아] 어린아이를 기름

0037
事 일 사 | 亅 · 총 8획 **7급**
[事故 사고] 뜻밖에 일어난 불행한 일
[事大 사대] 약자가 강자를 섬김

0038
寫 베낄 사 | 宀 · 총 15획 **5급**
[寫眞機 사진기] 사진 찍는 기계
[寫本 사본] 원본을 그대로 베낌

"반지가 한자어야?"

재석이가 게임을 중단하고 의심스러운 듯 물었다.

"야, 나를 그렇게 띄엄띄엄 보지 마."

휘재의 당당(堂堂)함에 어쨌든 끝말을 잇지 않고 게임을 중단시킨 재석이는 자신의 패배를 인정하고 두 번째 게임을 시작했다.

0039 眞 참 진 | 目 | 총 10획 **4Ⅱ급**
[眞實 진실] 거짓이 없이 참되고 바름
[眞意 진의] 속에 품고 있는 진짜 의도

0040 機 틀 기 | 木 | 총 16획 **4급**
[機械 기계] 동력을 써서 일하는 장치
[機能 기능] 하는 구실이나 작용

0041 內 안 내: | 人 | 총 4획 **7급**
[機內 기내] 비행기의 안
[內心 내심] 속마음. '내심 불안하다'

0042 班 나눌 반 | 玉 | 총 10획 **6급**
[內務班 내무반] 병사들이 생활하는 곳
[班長 반장] 반을 대표하는 사람

0043 指 가리킬/손가락 지 | 手 | 총 9획 **4급**
[斑指 반지] 한 짝으로만 끼게 된 가락지
[指摘 지적] 꼭 집어서 가리킴

0044 面 낯 면: | 面 | 총 9획 **7급**
[裏面 이면] 뒷면. '이면지'
[面刀 면도] 몸에 난 수염이나 털을 깎음

0045 織 짤 직 | 糸 | 총 18획 **4급**
[綿織機 면직기] 실로 천을 짜는 기계
[織造 직조] 기계로 천을 짜는 일

0046 用 쓸 용: | 用 | 총 5획 **6급**
[起用 기용] 인재를 높은 자리에 올려 씀
[用量 용량] 쓰는 분량

"꿍스~ 꿍스꿍스~ 쿵쿵따리~ 쿵쿵따~ 쿵쿵따리~ 쿵쿵따!"
이**면**(裏面) 쿵쿵따 **면직기**(綿織機) 쿵쿵따 **기용**(起用) 쿵쿵따
용수철(龍鬚鐵) 쿵쿵따 **철사**(鐵絲) 쿵쿵따 **사계절**(四季節)!

"형, 갑자기 왜 이렇게 잘 해?"

대답을 못해 속상한 한석이가 괜시리 호동이에게 심통을 부렸다. 1패를
안게 된 한석이가 다시 세 번째 게임을 시작했다.

"꿍스~ 꿍스꿍스~ 쿵쿵따리~ 쿵쿵따~ 쿵쿵따리~ 쿵쿵따!"
부**정사**(不定詞) 쿵쿵따 **사교**(社交) 쿵쿵따 **교도소**(矯導所) 쿵쿵따
소박(素朴) 쿵쿵따 **박진감**(迫眞感) 쿵쿵따 **감각**(感覺) 쿵쿵따……

0047 쇠 철 | 金 | 총 21획 5급

鐵

[龍鬚鐵 용수철] 탄력이 있는 나선형 쇠줄
[鐵網 철망] 철사로 그물처럼 만든 물건

0048 실 사 | 糸 | 총 12획 4급

絲

[鐵絲 철사] 쇠로 만든 가는 줄
[毛絲 모사] 털실

0049 아닐 부/불 | 一 | 총 4획 7급

不

[不定詞 부정사] 일정하지 않은 동사형
[不正 부정] 올바르지 않음

0050 모일 사 | 示 | 총 8획 6급

社

[社交 사교] 여러 사람이 모여 사귐
[社會 사회] 같은 무리끼리 이루는 집단

0051 사귈 교 | 亠 | 총 6획 6급

交

[交友 교우] 벗을 사귐
[交叉 교차] 서로 엇갈리거나 마주침

0052 인도할 도: | 寸 | 총 16획 4Ⅱ급

導

[矯導所 교도소] 죄수를 수용하는 시설
[指導者 지도자] 남을 이끄는 사람

0053 소박할/성씨 박 | 木 | 총 6획 6급

朴

[素朴 소박] 꾸밈 없이 수수한 모습
[朴赫居世 박혁거세] 박씨 성의 시조

0054 좋을 호: | 女 | 총 6획 4급

好

[同好會 동호회] 취미가 같은 이들의 모임
[好感 호감] 좋은 감정

2패가 되어 버린 재석이의 체면(體面)이 말이 아니다.

게임은 막바지에 이르렀다.

'퇴'로 시작하는 단어(單語)는 많았지만 재석은 정말 '사퇴'라는 한자 단어가 있는지 생각에 잠기다가 차례를 놓치고 말았다. 이번 게임은 재석이의 3패로 막(幕)을 내렸다.

0055 回
돌아올 회 | 口 | 총 6획 **4Ⅱ급**
[回轉 회전] 어떤 축으로 물체가 빙빙 돎
[回歸 회귀] 한 바퀴 돌아 제자리로 돌아옴

0056 電
번개 전: | 雨 | 총 13획 **7급**
[電話局 전화국] 전화 업무를 다루는 기관
[電燈 전등] 전기로 빛을 내는 등

0057 國
나라 국 | 口 | 총 11획 **8급**
[國是 국시] 국가 이념과 정책의 기본 방침
[國歌 국가] 나라를 대표하는 노래

0058 是
이/옳을 시: | 日 | 총 9획 **4Ⅱ급**
[如是 여시] 이치에 맞고 그릇됨이 없음
[是非 시비] 옳음과 그름

0059 飲
마실 음: | 食 | 총 13획 **6급**
[試飲場 시음장] 음료를 미리 맛보는 곳
[飲料 음료] 마실 수 있도록 만든 액체

0060 考
생각할 고: | 老 | 총 6획 **5급**
[長考 장고] 오랫동안 깊이 생각함
[思考 사고] 생각하고 궁리함

0061 古
예 고: | 口 | 총 5획 **6급**
[古代史 고대사] 중세 이전의 역사
[古風 고풍] 예스러운 풍취나 모습

0062 退
물러날 퇴: | 辵 | 총 10획 **4Ⅱ급**
[辭退 사퇴] 어떤 일을 그만두고 물러섬
[退却 퇴각] 뒤로 물러감

쿵쿵따 4인방, 인터넷을 잡아라

평소 자신의 홈페이지를 하나 갖는 게 꿈이었던 호동이를 위해 한석이는 무료(無料) 홈페이지를 제공(提供)해 주는 사이트에서 호동이만의 작은 공간(空間)을 만들어 주었다. 호동이가 기쁨을 감추지 못한 채 감격에 겨워 소리를 쳤다.

"와하하. 나도 이런 게 있다는 말만 들었지, 선뜻 만들어 볼 용기(勇氣)를 못 냈었는데. 한석아, 진짜 고맙다. 역시 너밖에 없어!"

이에 한석이가 겸손한 투로 말했다.

"에이, 고맙긴. 직접 해 보면 알겠지만 그다지 어려운 일은 아니야. 별로 화려하지는 않지만 앞으로 잘 꾸며 봐. 나도 종종 방명록(芳名錄)에 글 남길 게."

호동이의 홈페이지 마련을 축하(祝賀)하는 의미로, 이번에는 휘재가 웹 서핑을 통해 월드컵 축구(蹴球) 스타들의 사진(寫眞)을 찾아 호동이의 홈페이지를 꾸며 주었다. 재석이도 이에 질세라 재미있는 글들을 찾아 선물하면서 말했다.

"형, 홈페이지를 운영하면서 한 가지 주의해야 할 점이 있어. 종종 남의 홈페이지에 와서 나쁜 말을 남기고 가는 사람들이 있는데, 그런 사람들에 대한 경계를 게을리하지 않는 게 깨끗한 홈페이지를 유지하는 지름길이야. 앞으로 '권선징악(勸善懲惡)'의 뜻을 잘 전파하는 형이 되기를 바래. 물론, 형 덩치를 보고 함부로 시비(是非)를 걸어 올 사람은 아무도 없겠지만 말이야. 푸하하!"

호동이가 웃으며 대꾸했다.

"그 점은 걱정 마. 내가 또, 불의를 보면 못참는 성격(性格) 아니냐? 권선징악은 나에게 맡겨. 아무튼 충고(忠告)는 고맙게 받아들이마."

이 때, 휘재가 기다렸다는 듯 말했다.

"자, 이렇게 화기애애한 분위기 속에서 쿵쿵따를 안 하고 넘어가는 건 우리답지 않아. 모두들 준비(準備)는 됐겠지? 제시어(提示語)는 재석이가 좀 전에 말한 **권선징악**(勸善懲惡)으로 하자."

휘재의 말에 모두들 주저 없이 찬성했다. 휘재, 호동, 재석, 한석의 순서로 차례가 정해지기 무섭게 다시 쿵쿵따 게임이 시작되었다.

勸善懲惡 권선징악

선행을 장려하고 악행을 징계하는 일

0063 勸
권할 권: | 力 | 총 20획 | 4급
[勸誘 권유] 어떤 일을 하도록 권함
[勸獎 권장] 권하여 장려함

0064 兒
아이 아 | 儿 | 총 8획 | 5급
[幼兒園 유아원] 유아의 보육 시설
[兒童 아동] 어린아이

0065 原
언덕/근본 원 | 厂 | 총 10획 | 5급
[原因 원인] 사물이나 상태 변화의 이유
[高原 고원] 해발 6,000미터 이상의 넓은 들판

0066 因
인할 인 | 口 | 총 6획 | 5급
[因緣 인연] 사람들 사이에 맺어진 관계
[因子 인자] 어떤 사물의 원인이 되는 요소

0067 力
힘 력 | 力 | 총 2획 | 7급
[忍耐力 인내력] 어려움을 참고 견디는 힘
[力士 역사] 뛰어나게 힘이 센 사람

0068 器
그릇 기 | 口 | 총 16획 | 4Ⅱ급
[力器 역기] 힘을 기르는 운동 기구
[土器 토기] 진흙으로 만든 그릇

0069 期
기약할 기 | 月 | 총 12획 | 5급
[期待株 기대주] 발전이 기대되는 인물
[期間 기간] 어느 때부터 어느 시기까지 사이

뜻밖의 일이었다. 잠시 한눈을 팔고 있던 호동이가 별로 어렵지 않은 부분(部分)에서 어이없는 실수를 하고 만 것이다.

게임이 다시 시작됐다.

한석이의 뛰어난 순발력! 이번에는 휘재가 할 말을 잃었다. 게임은 세 번째로 이어졌다.

0070 待 기다릴 대: | 彳 | 총 9획 **6급** [待機 대기] 때나 기회를 기다림 [待接 대접] 마땅한 예로써 대함	**0074** 善 착할 선: | 口 | 총 12획 **5급** [善心 선심] 선량한 마음 [善行 선행] 착하고 어진 행실
0071 注 부을/물댈 주: | 水 | 총 8획 **6급** [注文 주문] 생산자에게 상품을 요구함 [注油 주유] 차량에 기름을 넣음	**0075** 心 마음 심 | 心 | 총 4획 **7급** [心性 심성] 타고난 마음씨 [心理 심리] 마음의 작용과 의식의 상태
0072 門 문 문 | 門 | 총 8획 **8급** [門外漢 문외한] 어떤 일에 식견이 없는 사람 [門牌 문패] 대문에 붙이는 작은 패	**0076** 院 집 원 | 阜 | 총 10획 **5급** [學院 학원] 학교, 교육기관 [法院 법원] 사법권을 행사하는 국가 기관
0073 韓 한국/나라 한(:) | 韋 | 총 17획 **8급** [韓國 한국] 우리 나라의 일반 명칭 [韓服 한복] 우리 나라의 고유한 옷	**0077** 位 자리 위 | 人 | 총 7획 **5급** [原位置 원위치] 원래의 자리 [位階 위계] 지위나 계층 따위의 등급

무심코 말했지만 표주박이 한자 단어가 아니라는 걸 뒤늦게 깨닫고 재석이는 무릎을 쳤다. 세 번째 게임이 빨리 끝난 만큼 네 번째 게임도 빠르게 진행되었다.

0078 治 다스릴 치 | 水 | 총 8획 **4Ⅱ급** [治癒 치유] 치료하여 병을 낫게 함 [治績 치적] 잘 다스린 공적	**0082 君** 임금 군 | 口 | 총 7획 **4급** [君臨 군림] 임금으로서 나라를 다스림 [君子 군자] 어질며 덕과 학식이 높은 사람
0079 遊 놀 유 | 辵 | 총 13획 **4급** [遊覽團 유람단] 돌아다니며 구경하는 무리 [遊樂 유락] 놀며 즐김	**0083 戒** 경계할 계: | 戈 | 총 7획 **4급** [懲戒 징계] 잘못을 뉘우치도록 나무람 [訓戒 훈계] 이르고 주의를 줌
0080 覽 볼 람 | 見 | 총 21획 **4급** [觀覽 관람] 공연, 경기, 미술품 등을 구경함 [回覽 회람] 책이나 문서를 돌려 봄	**0084 階** 섬돌 계 | 阜 | 총 12획 **4급** [階段式 계단식] 계단 모양을 본뜬 방식 [階級 계급] 일정한 조직 내에서의 지위
0081 檀 박달나무 단 | 木 | 총 17획 **4Ⅱ급** [檀君 단군] 우리 나라를 처음 세운 왕 [檀紀 단기] '단군 기원'의 준말	**0085 口** 입 구: | 口 | 총 3획 **7급** [食口 식구] 한 집에서 끼니를 함께 하는 사람 [口傳 구전] 말로 전해 내려옴

"이상하게 재석이 뒤에만 있으면 충분히 대답할 수 있는 단어들도 헛갈리기 일쑤야."

한석이가 괜한 재석이 탓을 하며 투덜거렸다.

"재석이가 약간 어수선한 면은 있어. 하하! 그래도 우리 쿵쿵따 게임 덕분에 한자 실력이 많이 늘어난 것 같지 않아? 예전에 비하면 장족(長足)의 발전이야."

호동이가 형답게 한석이를 위로하고 나섰다.

이로써 이번 게임은 모두가 나란히 1패씩을 기록하면서 비교적 빠르게 끝이 나고, 4인방은 다시 홈페이지 꾸미기와 인터넷 탐험을 위해 컴퓨터 앞에 모여 앉았다.

0086 구원할 **구** | 攴 | 총 11획 **5급**
救
[救助 구조] 위험에 처한 사람을 구함
[救命 구명] 사람의 목숨을 구함

0087 대답/대할 **대:** | 寸 | 총 14획 **6급**
對
[對象 대상] 어떤 일의 상대
[對答 대답] 상대의 말에 응수함

0088 돈 **전:** | 金 | 총 16획 **4급**
錢
[金錢 금전] 화폐를 통틀어 이르는 말
[銅錢 동전] 쇠로 만든 화폐

0089 악할 **악** / 미워할 **오** | 心 | 총 12획 **5급**
惡
[惡童 악동] 행실이 나쁜 아이
[惡熱 오열] 열이 나고 더운 것이 싫은 증상

0090 동녘 **동** | 木 | 총 8획 **8급**
東
[東海岸 동해안] 동쪽의 바닷가
[東部 동부] 어떤 지역의 동쪽 부분

0091 책상 **안:** | 木 | 총 10획 **5급**
案
[案內 안내] 내용을 소개하여 알려 줌
[案件 안건] 토의하거나 조사해야 할 사실

0092 얼굴 **용** | 宀 | 총 10획 **4Ⅱ급**
容
[內容物 내용물] 속에 든 물건이나 물질
[美容 미용] 얼굴, 머리를 아름답게 매만짐

0093 물건 **물** | 牛 | 총 8획 **7급**
物
[物質 물질] 물체의 본바탕
[物件 물건] 일정한 형체를 갖춘 물질 대상

4인방은 각종(各種) 인터넷 사이트를 돌아다니며, 휘재의 말대로 재미있고 유익한 정보의 바다에 흠뻑 심취해 있었다.

"그런데 말이야, e-메일이나 인터넷 홈쇼핑 등으로 굳이 집 밖으로 나가지 않고도 많은 것들을 손쉽게 해결(解決)할 수 있는 편리한 세상(世上)이 온 게 좋기는 하지만, 그만큼 사람들 사이의 왕래(往來)가 줄어든 것 같아서 종종 아쉬울 때도 있어."

재석이가 사뭇 진지한 얼굴로 말을 했다. 그 말을 듣고 한석이도 동의(同意)한다는 듯 몇 마디 덧붙였다.

"예전에는 축하(祝賀) 카드나 선물들을 정성껏 만들고 포장도 직접 해서 전해 주는 게 당연한 일이었는데, 요즘에는 크게 힘들이지 않고도 많은 걸 쉽게 구할 수 있게 되었지. 그만큼 인정(人情)이 사라진 듯한 느낌이야. 하지만 시간(時間)을 많이 절약할 수 있게 됐다는 점도 무시할 수는 없겠지."

고개를 끄덕이며 듣고 있던 휘재도 말했다.

"나는 채팅이란 게 처음 생겨났을 때도 무척 신기했어. 비싼 돈을 들여

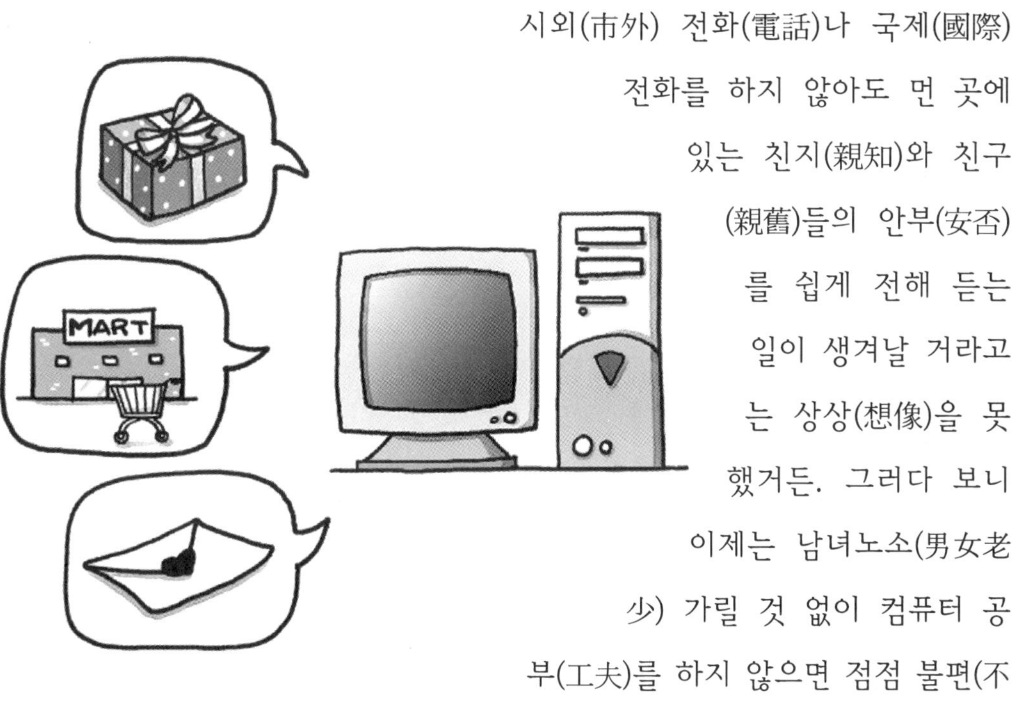

시외(市外) 전화(電話)나 국제(國際) 전화를 하지 않아도 먼 곳에 있는 친지(親知)와 친구(親舊)들의 안부(安否)를 쉽게 전해 듣는 일이 생겨날 거라고는 상상(想像)을 못 했거든. 그러다 보니 이제는 남녀노소(男女老少) 가릴 것 없이 컴퓨터 공부(工夫)를 하지 않으면 점점 불편(不便)해질 것 같아."

호동이도 끼여들어 말했다.

"채팅 얘기가 나왔으니까 말인데, 나는 가끔 여러 명이 얘기하는 대화방(對話房)에 불쑥 들어와서 이유(理由) 없이 욕설이나 퍼붓고 분위기를 흐려 놓는 사람들만 보면 진짜 화가 나."

그에 대한 대답은 한석이가 해 주었다.

"형, 그런 사람들은 어차피 오랫동안 활동(活動)하기 힘들어. '사필귀정(事必歸正)'이란 옛 말도 있잖아. 옳지 못한 일은 금방 드러나기 마련이거든. 아무도 상대해 주지 않으면 머지않아 흥미(興味)를 잃어 버리게 마련이니까 너무 신경 곤두세우지 마."

이 때 휘재가 말했다.

"오호라, 사필귀정 괜찮은데?

네티켓을 지키지 않는 악(惡)의 무리가 없는 세상을 위해 **사필귀정**(事必歸正)으로 쿵쿵따 한판 어때?

그 말에, 모두 생각났다는 듯 또 다시 쿵쿵따를 위한 준비에 들어갔다.

순서는 호동, 휘재, 재석, 한석이로 정해졌다.

사무실(事務室) 쿵쿵따 **실정**(失政) 쿵쿵따 **정부미**(政府米) 쿵쿵따

미숙(未熟) 쿵쿵따 **숙련공**(熟練工) 쿵쿵따 **공정**(工程) 쿵쿵따

정밀성(精密性) 쿵쿵따 **성공**(成功) 쿵쿵따 **공동체**(共同體) 쿵쿵따

채소(菜蔬) 쿵쿵따……

事必歸正 사필귀정
모든 일은 결국 바른 길로 돌아옴

務 0094
힘쓸 무: | 力 | 총 11획 | **4Ⅱ급**
[事務室 사무실] 사무를 보는 방
[義務 의무] 마땅히 해야 할 일

失 0095
잃을 실 | 大 | 총 5획 | **6급**
[失政 실정] 정치를 잘못함
[失格 실격] 규칙 위반으로 자격을 잃음

府 0096
마을/관청 부 | 广 | 총 8획 | **4Ⅱ급**
[政府米 정부미] 정부가 보유한 쌀
[三府 삼부] 입법부, 사법부, 행정부

未 0097
아닐 미 | 木 | 총 5획 4 | **4Ⅱ급**
[未熟 미숙] 익숙치 못함
[未來 미래] 아직 오지 않은 날. 앞날

練 0098
익힐 련: | 糸 | 총 15획 | **5급**
[熟練工 숙련공] 어떤 작업에 익숙한 노동자
[練習 연습] 익숙하도록 되풀이해 익힘

程 0099
길 정 | 禾 | 총 12획 | **4Ⅱ급**
[工程 공정] 일이 진척되는 과정이나 정도
[課程 과정] 해야 할 일의 정도

精 0100
정할 정 | 米 | 총 14획 | **4Ⅱ급**
[精密性 정밀성] 정밀한 특성
[精誠 정성] 참되고 성실한 마음

"앗! '채소'의 첫 자는 '체'가 아니구나! 한글도 틀리다니……. 체면이 말이 아니네."

휘재의 쑥스러운 변명에 모두 유쾌하게 웃었다.

"하하, 지금 말한 '체면(體面)'을 쓰면 되는데……"라며 호동이 약을 올렸다. 그 말에 휘재는 더 억울한 생각이 들었다. 게임은 두 번째로 넘어갔다.

0101 功 · 공 공 | 力 | 총 5획 **6급** [成功 성공] 목적하는 바를 이룸 [功勞 공로] 목적을 이루는 데 들인 노력	**0105** 辭 · 말씀 사 | 辛 | 총 19획 **4급** [激勵辭 격려사] 의욕을 북돋워 주는 말 [辭任 사임] 일을 그만두고 물러남
0102 共 · 한 가지 공 | 八 | 총 6획 **6급** [共同體 공동체] 목적을 같이하는 집단 [共用 공용] 함께 씀. 또는 그런 물건	**0106** 實 · 열매 실 | 宀 | 총 14획 **5급** [事實 사실] 실제로 있었던 일 [實技 실기] 실제의 기능이나 기술
0103 性 · 성품 성: | 心 | 총 8획 **5급** [必然性 필연성] 반드시 그렇게 되는 성질 [性品 성품] 사람의 성질이나 됨됨이	**0107** 效 · 본받을 효: | 攴 | 총 10획 **5급** [實效性 실효성] 실제 효과를 나타내는 성질 [效果 효과] 행위에 의해 드러나는 결과
0104 格 · 격식 격 | 木 | 총 10획 **5급** [性格 성격] 고유의 성질이나 품성 [格式 격식] 격에 맞는 일정한 방식	**0108** 賢 · 어질 현 | 貝 | 총 15획 **4Ⅱ급** [聖賢 성현] 성인(聖人)과 현인(賢人) [賢明 현명] 어질고 슬기로워 사리에 밝음

이번에는 규칙(規則)에 맞지 않는 용어(用語)를 쓴 휘재의 패배였다.

"야, 조금만 천천히 하자. 아는 건 많은데, 재빨리 대답을 못하겠잖아."

속이 상한 듯 휘재가 투덜댔다.

"야, 차(車) 떠난 뒤에 손 흔들어 봤자 소용(所用) 없어."

듣다 못한 재석이가 한 마디 툭 던졌다.

0109 忠 충성 충 | 心 | 총 8획 [4Ⅱ급]
[顯忠日 현충일] 순국선열들을 기리는 날
[忠誠 충성] 진정에서 우러나오는 정성

0110 一 한 일 | 一 | 총 1획 [8급]
[一例 일례] 하나의 보기. 또는 한 가지 실례
[一致 일치] 대상들이 서로 같거나 들어맞음

0111 歸 돌아갈 귀: | 止 | 총 18획 [4급]
[歸納法 귀납법] 연구 방법의 하나 [반]연역법
[歸家 귀가] 집으로 돌아가거나 돌아옴

0112 官 벼슬 관 | 宀 | 총 8획 [4Ⅱ급]
[法官 법관] 법에 따라 심판하는 사람
[官吏 관리] 관직에 있는 사람

0113 關 관계할/빗장 관 | 門 | 총 19획 [5급]
[關心事 관심사] 관심을 끄는 일
[關係 관계] 둘 이상이 서로 관련을 맺음

0114 工 장인 공 | 工 | 총 3획 [7급]
[沙工 사공] 뱃사공. 배 젓는 사람
[工事 공사] 토목이나 건축 따위의 일

0115 公 공평할 공 | 八 | 총 4획 [6급]
[公休日 공휴일] 국가에서 정해 쉬는 날
[公平 공평] 한쪽으로 치우치지 않고 고름

0116 休 쉴 휴 | 人 | 총 6획 [7급]
[休息 휴식] 하던 일을 멈추고 잠깐 쉼
[休日 휴일] 일을 하지 않고 쉬는 날

게임은 빠르게 마지막으로 이어졌다.

생각지도 못한 단어(單語)가 나오는 바람에 휘재가 모든 게임에서 패배하는 어처구니 없는 일이 벌어지고 말았다.

재치 있는 한석이의 쉽고 친절한 설명 덕분에 그 동안 무심코 지나쳤던 인터넷 용어들의 참뜻을 많이 알게 되었다.

0117 脫　벗을 탈 | 肉 | 총 11획 　4급
[逸脫 일탈] 정해진 규범에서 벗어남
[脫出 탈출] 어떤 상황에서 빠져나옴

0118 近　가까울 근: | 辵 | 총 8획 　6급
[脫近代 탈근대] 근대를 벗어나려는 경향
[近處 근처] 가까운 곳

0119 代　대신 대: | 人 | 총 5획 　6급
[代理 대리] 남을 대신해 일을 처리함
[時代 시대] 역사적으로 구분한 일정한 기간

0120 吉　길할 길 | 口 | 총 6획 　5급
[大吉 대길] 운이 매우 좋음
[吉夢 길몽] 좋은 일이 생길 징조가 되는 꿈

0121 正　바를 정(:) | 止 | 총 5획 　7급
[正義派 정의파] 올바른 일을 행하는 무리
[正答 정답] 옳은 답

0122 破　깨뜨릴 파: | 石 | 총 10획 　4Ⅱ급
[破片 파편] 깨어지거나 부서진 조각
[破壞 파괴] 부수거나 깨뜨려 헐어 버림

0123 便　편할 편(:)/똥오줌 변: | 人 | 총 9획 　7급
[便宜店 편의점] 24시간 문을 여는 잡화점
[便所 변소] 화장실

0124 占　점령할/점칠 점(:) | 卜 | 총 5획 　4급
[占卦 점괘] 점을 쳐서 나오는 괘
[占居 점거] 어떤 장소를 차지하여 삶

한자의 기원

지금으로부터 5,000여 년 전 중국 전설 시대, 황제(黃帝) 임금의 신하 창힐(蒼詰)이 새의 발자국 모양을 본떠 처음으로 한자를 만들었다고 한다. 그러나 창힐 한 사람이 한꺼번에 그 많은 한자를 만들었다는 것은 전설일 뿐, 역사적 사실은 아니다. 한자는 오랜 세월을 거치면서 많은 사람들에 의해 만들어지고 다듬어져 오늘날과 같은 모습을 갖추게 된 것이다.

역사적으로 한자의 원형을 보여 주는 것은 중국 하남성 은허(殷墟)에서 출토된 갑골문자(甲骨文字)이다. 갑골문자는 3,500여 년 전, 황하 유역에 나라를 세운 은나라[殷, 상(商)나라, 기원전 15세기~기원전 11세기경]에서 사용되던 중국 최초의 문자였다. 당시 은나라에서는 거북의 껍질(甲)이나 짐승의 뼈(骨) 등을 태워서 점(占)을 치던 풍습이 있었다. 사람들은 점의 결과를 거북의 껍질이나 짐승의 뼈에 새겨 놓았는데, 그것이 바로 '갑골문(甲骨文)'이다.

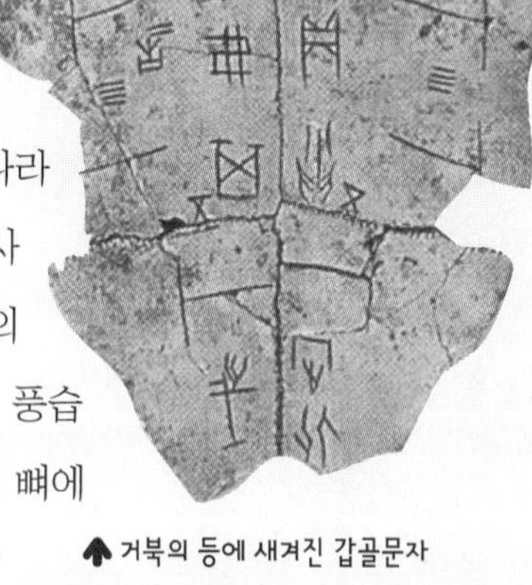

▲ 거북의 등에 새겨진 갑골문자

한자의 변천

갑골문자는 여러 시대를 거치는 동안 글 자체의 모양이 변형되고, 그 수가 증가되어 오늘날에 이르렀다. 은나라에서 주나라(周, 기원전 11세기~기원전 8세기경) 말기에 이르는 동안 갑골문자는 그 형태가 좀더 다듬어진 금문(金文, 청동기 위에 새긴 글자)으로 발전하였다. 금문은 전서(篆書), 예서(隸書) 등으로 발전을 거듭하다, 한나라(漢, 기원전 200년~기원후 195년) 말기에 이르러 오늘날 우리가 사용하는 정사각형 꼴의 해서(楷書)로 정착되었다.

한자의 숫자는 초기에는 3,000자 정도였던 것이 한나라에 이르러서는 1만 자, 당송(唐宋, 619~1277년) 시대에는 3만 자, 청나라(淸, 1636~1912년) 때에는 4~5만 자를 헤아릴 정도로 불어났다.

◗ 한자의 전래

우리 나라에 한자가 언제 전래되었는지, 그 시기를 정확히 추정하기는 힘들다. 상고 시대 이전부터 한반도 북쪽에 살던 우리 민족은 중국과 자주 접촉하며, 그들로부터 한자와 한문을 받아들였다. 중국인들과 직접적인 만남이 있었던 기원전 2세기 무렵 위만조선(衛滿朝鮮)·한사군(漢四郡) 시대에는 이미 우리 나라 북부 지방에 한자가 널리 보급되어 있었다.

삼국 시대에 들어와 중국과 가까웠던 고구려는 건국 초부터 한자를 사용했으며, 소수림 왕 때에는 태학을 세워 한자·한문 교육에 힘썼다. 백제와 신라는 고구려를 통해 한자를 받아들여 널리 사용했으며, 나아가 백제는 《천자문(千字文)》, 《논어(論語)》 등 한자 문화를 일본에 전해 주었다.

아직 우리 나라의 고유 문자를 갖지 못했던 우리 선조들은 한자의 음(音)과 훈(訓)을 빌어 말을 적기도 하고 직접 한문으로 뜻을 나타내기도 했다.

고려·조선 시대에 이르러서는 한문이 일상 생활과 학문에 보편적인 도구로 사용되어 찬란한 한문학(漢文學)의 꽃을 피우기도 하였다. 이 때에는 중국 문화와 별도로 독창적인 유교 철학서, 한문 문학 작품이 많이 씌어졌으며, 이황·이이와 같은 세계적인 유학자들도 많이 배출되었다.

세종대왕이 한글을 창제하기 이전까지 우리 나라의 모든 기록은 한자로 씌어졌으며, 한글 창제 이후에도 한자는 조선 시대 말까지 문자 생활의 중심이었다.

오늘날에도 우리말의 70%가 한자어(漢字語)로 이루어져 있듯이, 한자는 여전히 우리 언어 생활에서 중요한 비중을 차지하고 있다.

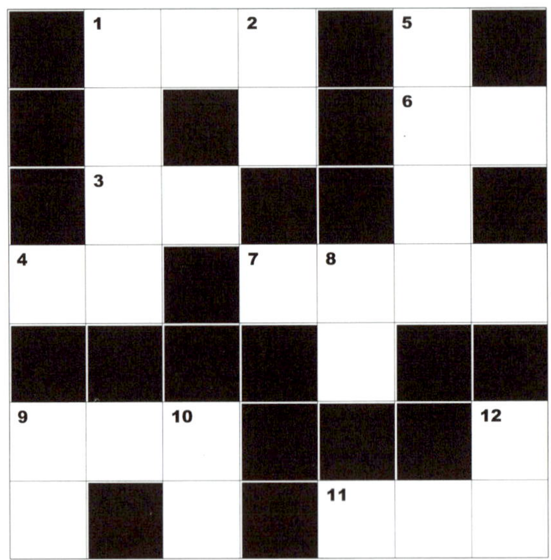

가로 열쇠

1 사무를 보는 방.

3 외국에 나가 있던 사람이 자기 나라로 돌아오거나 돌아감.

4 올바르지 아니하거나 옳지 못함. '○○부패 추방.'

6 뒷면. "용지 절약을 위해 ○○지를 활용합시다."

7 풀색과 녹색은 같은 색. 같은 처지에 있는 사람들끼리 어울린다는 사자성어.

9 교육이나 교육 사업에 종사하는 사람.

11 수염을 깎는 도구.

세로 열쇠

1 모든 일은 반드시 바른 길로 돌아간다는 사자성어.

2 방이나 건물 따위의 안.

5 마음이 음흉하고 불량하여 겉과 속이 다름.

8 산이나 들 따위에 나무나 화초를 심어 푸르게 함. '○○ 사업.'

9 학교나 학원 등에서 학습 활동이 이루어지는 방.

10 집안 살림살이에 관한 일. "○○를 분담하는 부부가 늘고 있다."

12 흙으로 만든 그릇.

정답은 245쪽

2

쿵쿵따 4인방,
축구 시합을 하다

쿵쿵따 4인방, 축구 시합을 하다

따뜻한 햇볕이 좋은 아침, 쿵쿵따 4인방은 공터에 모여 앉아 축구 이야기에 한창이다.

"난 우리의 듬직한 골키퍼 이운재 선수(選手)가 가장 훌륭했다고 생각해. 봤어? 상대 선수를 제압하는 그 눈빛!"

"무슨 소리야. 믿음직스러운 맏형 홍명보 선수가 최고지!"

"무슨 말도 안 되는 소리야. 히딩크 감독(監督)이 없었다면, 우리 선수들이 그렇게 승승장구할 수 있었을 것 같아?"

호동이와 재석이와 한석이는 저마다 자신(自身)이 좋아하는 선수와 감독을 칭찬하며 야단법석이다.

"물론 모두 훌륭한 선수들이고 감독이지만, 무엇보다 훌륭했던 건 우리나라 국민(國民)이 모두 하나가 되어 열정적으로 보냈던 응원이었어."

휘재의 한 마디에 갑자기 모두들 동시(同時)에 손을 들고 "대~한민국!"을 연호하며 박수를 쳤다.

"야! 우리 이러고 있을 게 아니라 2 대 2 축구 시합 어때?"

갑작스러운 호동이의 한 마디에 재석이가 킥킥대며 말했다.

"에이, 누가 형이랑 한편이 되려고 하겠어. 안 그래?"

그런 재석이를 물끄러미 바라보던 휘재와 한석이가 동시에 말했다.

"야, 너보다는 형이 훨씬 나아."

뾰로통해진 재석이. 이 때 휘재가 말했다.

"좋은 생각 같은데? 우리 축구 시합 한번 하자. 편은 쿵쿵따로 가르면 되잖아. 1등을 한 사람이 한 사람을 골라서 자기 편으로 정하는 거야. 어때?"

그러자 호동이가 벌떡 일어나며 말했다.

"좋아, 그러자. 유재석 두고 봐. 내가 꼭 이겨서 본때를 보여 주마!"

"좋아! 어디 해 보자고!"

재석이도 지지 않고 소리쳤다.

"그럼 한석이부터 시작해서, 호동이 형, 재석이, 나의 순서로 하고 제시어는 **대한민국**(大韓民國)으로 하자. 시작!"

휘재의 진행으로 게임이 시작되었다.

大韓民國 대한민국

우리 나라의 정식 명칭

0125 大
큰 대: | 大 | 총 3획 **8급**
[大統領 대통령] 국가를 대표하는 국가 원수
[大將 대장] 한 무리의 우두머리

0126 永
길 영: | 水 | 총 5획 **6급**
[永生 영생] 영원한 생명. 또는 영원히 삶
[永遠 영원] 어떤 상태가 끝없이 이어짐

0127 生
날 생 | 生 | 총 5획 **8급**
[生動感 생동감] 생기 있게 움직이는 느낌
[生命 생명] 사람이 활동할 수 있는 힘

0128 動
움직일 동: | 力 | 총 11획 **7급**
[動作 동작] 몸이나 손발 따위를 움직임
[移動 이동] 움직여 옮김

0129 感
느낌 감: | 心 | 총 13획 **6급**
[感想 감상] 마음 속에서 일어나는 느낌
[情感 정감] 감흥을 불러일으키는 느낌

0130 納
드릴 납: | 糸 | 총 10획 **4급**
[格納庫 격납고] 비행기를 넣어 두는 건물
[納品 납품] 주문받은 물품을 가져다 줌

0131 死
죽을 사: | 歹 | 총 6획 **6급**
[枯死 고사] 나무나 풀 따위가 말라 죽음
[死亡 사망] 사람이 죽음

끝말을 잇지 못한 한석이가 민망한 듯 씨익 웃는다.

휘재부터 다시 게임이 진행되었다.

이번에도 한석이가 끝말을 잇지 못했다.

두 번 연속으로 한석이를 패배로 이끈 휘재가 혀를 내밀며 얄미운 웃음

소리를 냈다.

0132 謝 사례할 사: | 言 | 총 17획 4Ⅱ급	0136 族 겨레 족 | 方 | 총 11획 6급
[謝恩會 사은회] 스승 은혜에 감사하는 모임 [謝意 사의] 감사하게 여기는 뜻	[族長 족장] 종족이나 부족의 우두머리 [血族 혈족] 같은 조상에서 갈려 나온 친족
0133 恩 은혜 은 | 心 | 총 10획 4Ⅱ급	0137 長 긴 장(:) | 長 | 총 8획 8급
[恩惠 은혜] 고맙게 베풀어 주는 혜택 [恩德 은덕] 은혜로운 덕	[長身 장신] 키가 큰 몸 [長壽 장수] 오래도록 삶
0134 灰 재 회 | 火 | 총 6획 4급	0138 身 몸 신 | 身 | 총 7획 6급
[灰色 회색] 잿빛. '회색 구름' [灰壁 회벽] 석회를 반죽하여 바른 벽	[裝身具 장신구] 치장을 하는 데 쓰는 물건 [身體 신체] 사람의 몸
0135 民 백성 민 | 氏 | 총 5획 8급	0139 求 구할 구: | 水 | 총 7획 4Ⅱ급
[韓民族 한민족] 우리 나라의 중심 민족 [民意 민의] 국민의 뜻	[求乞 구걸] 돈, 곡식 등을 거저 달라고 빎 [求人 구인] 일할 사람을 구함

“꿍스~ 꿍스꿍스~ 쿵쿵따리~ 쿵쿵따~ 쿵쿵따리~ 쿵쿵따!”
민**주화**(民主化) 쿵쿵따 **화단**(花壇) 쿵쿵따 **단막극**(單幕劇) 쿵쿵따
극장(劇場) 쿵쿵따 **장식장**(裝飾欌) 쿵쿵따 **장족**(長足) 쿵쿵따
족발······.

방심하고 있던 재석이가 세 글자 단어를 말해야 하는데 그만, 두 글자 단어를 말하고 말았다. 더군다나 족발이라니!

안도의 한숨을 쉬는 한석이를 괜히 억울한 듯 한번 노려보고는 게임을 다시 시작하는 재석이.

0140 傑　뛰어날 걸 | 人 | 12획 **4급**
[傑作品 걸작품] 매우 훌륭한 작품
[傑出 걸출] 남보다 훨씬 뛰어남

0141 品　물건 품: | 口 | 총 9획 **5급**
[物品 품종] 물품의 종류
[品質 품질] 물건의 성질과 바탕

0142 從　좇을 종(:) | 彳 | 총 11획 **4급**
[從量制 종량제] 용량에 따라 요금을 매김
[順從 순종] 순순히 따름

0143 提　끌 제 | 手 | 총 12획 **4Ⅱ급**
[提出 제출] 문안, 의견, 법안(法案) 등을 냄
[提示 제시] 의사를 말이나 글로 나타냄

0144 主　임금/주인 주 | 丶 | 총 5획 **7급**
[民主化 민주화] 민주적으로 되어 가는 것
[主人 주인] 대상이나 물건을 소유한 사람

0145 花　꽃 화 | 艸 | 총 8획 **7급**
[花壇 화단] 흙을 한층 높게 꾸며 놓은 꽃밭
[花環 화환] 꽃으로 둥글게 만든 물건

0146 單　홑 단 / 흉노 임금 선 | 口 | 총 12획 **4Ⅱ급**
[單幕劇 단막극] 한 막으로 구성된 연극
[單獨 단독] 단 한 사람

0147 劇　심할/연극 극 | 刀 | 총 15획 **4급**
[劇場 극장] 공연이나 상영을 위한 시설
[劇甚 극심] 지독하다

재석이의 '차치'에 휘재가 갑자기 '스톱'을 외치며 물었다.

"차치? 그런 말도 있어?" 이에 의기양양한 재석이가 말을 잇는다.

"그럼! '내버려 두고 문제 삼지 않는다'는 뜻이지."

모두들 청산유수처럼 흘러 나오는 재석이의 대답에 "오오……." 탄성을 내질렀다. 이로써 휘재의 패배 인정!

한 번도 틀리지 않은 호동이가 같은 편으로 휘재를 선택해, 자동으로 재석이와 한석이가 같은 편! 자! 이제 경기를 시작해 볼까요?

0148 裝
꾸밀 장 | 衣 | 총 13획 | 4급
[裝飾欌 장식장] 장식품을 넣어 두는 장
[美裝 미장] 아름답게 차리고 꾸밈

0149 足
발 족 | 足 | 총 7획 | 7급
[長足 장족] 사물의 발전, 진행이 매우 빠름
[足跡 족적] 발자취

0150 旗
깃발 기 | 方 | 총 14획 | 7급
[國旗 국기] 한 나라를 상징하는 기
[旗手 기수] 깃발을 드는 사람

0151 車
수레 거/차 | 車 | 총 7획 | 7급
[機關車 기관차] 객차를 끄는 철도 차량
[停車 정거] 차를 멈춤

0152 異
다를 이: | 田 | 총 12획 | 4급
[差異 차이] 서로 같지 아니하고 다름
[異質 이질] 성질이 다름

0153 二
두 이: | 二 | 총 2획 | 8급
[二輪車 이륜차] 바퀴가 둘 달린 차
[二等 이등] 두 번째 등급

0154 輪
바퀴 륜 | 車 | 총 15획 | 4급
[後輪 후륜] 자동차나 자전거 등의 뒷바퀴
[輪轉機 윤전기] 인쇄할 때 쓰는 기계

0155 置
둘 치: | 罒 | 총 13획 | 4Ⅱ급
[且置 차치] 내버려 두고 문제 삼지 않음
[置重 치중] 어떠한 것에 특히 중점을 둠

쿵쿵따 4인방, 축구 시합을 하다

쿵 쿵따 게임으로 한편이 된 휘재와 호동이, 그리고 또 다른 편인 재석이와 한석이.

호동이와 재석이는 벌써부터 서로 다른 편인 게 천만다행이라며 어깨를 툭툭 부딪히는 등, 신경전을 벌이고 있다.

그런 호동이와 재석이를 재미있게 바라보던 휘재가 말했다.

"자, 이제 축구 시합을 해야지? 우리 뭐 내기할까? 음료수(飮料水) 어때?"

그러자 호동이가 재석이를 노려보며 말했다.

"좋아! 음료수. 야! 유재석, 너 각오(覺悟)하는 게 좋을 거야. 하하."

"형! 형은 왜 나만 미워해? 응? 형이 둔한 게, 뭐 내 탓이야?"

호동을 놀리고 도망(逃亡) 가던 재석이는 그만 자신의 발에 걸려 땅바닥에 '철퍼덕' 넘어지고 말았고, 그 모양을 지켜보던 휘재와 한석이와 호동이는 박장대소(拍掌大笑)했다.

"저것 봐라! 하하. 내가 재석이랑 같은 편이었어 봐. 분명히 졌을 거야. 안 그래? 내가 아무리 몸이 둔해도 너보다는 낫지. 재석이랑 같은 편이 되다니, 한석이가 불쌍하구나.”

“그래도 형이 넘어졌으면 지구(地球)가 무너졌을 거야. 내가 넘어진 걸 다행으로 알라고!”

재석이는 넘어져서도 호동이 놀리기를 멈추지 않았고, 결국 호동이에게 꿀밤을 한 대 맞고서야 조용해졌다.

“자, 이제 축구 시합을 시작하자!”

드디어 4인방의 음료수 내기 축구 시합이 시작되었다.

그러나 채 10분(分)이 흐르기도 전에 그만 재석이가 찬 공이 호동이의 엉덩이에 맞고 골문으로 들어가는 일이 벌어지고 말았다.

재석이는 자신이 골을 넣은 거라고 주장했고, 호동이는 재석이가 일부

러 자기의 엉덩이를 향해 공을 찬 것이니 반칙(反則)이라고 우겼다.

말다툼은 재석이와 같은 편인 한석이와, 호동이와 같은 편인 휘재까지 끼여들면서 크게 번졌다. 이제, 축구 시합은 아랑곳하지 않고 서로가 옳다고 우기느라 난장판이 되고 말았다.

얼마 후, 휘재가 나서서 모두를 진정(鎭靜)시키며 말했다.

"우리, 이러지 말고. 저기 골대에 들어가 있는 공이 어떤 팀의 점수(點數)인지 쿵쿵따로 결정하자. 어때? 쿵쿵따를 해서 이긴 편의 점수로 인정(認定)하고 축구 시합을 계속하는 거야."

말싸움에 지친 호동이와 한석이와 재석이는 휘재의 말에 동의했고 호동, 한석, 재석, 휘재의 순서(順序)로 앉아 제시어 **천만다행**(千萬多幸)을 가지고 쿵쿵따 게임이 시작되었다.

千萬多幸 천만다행

아주 다행함

0156 千 일천 천 | 十 | 총 3획 **7급**
[千字文 천자문] 처음 한자에 입문하는 책
[千辛萬苦 천신만고] 여러 가지로 애씀

0157 安 편안 안 | 宀 | 총 6획 **7급**
[問安 문안] 웃어른께 안부를 여쭘
[安寧 안녕] 아무 탈 없이 편안함

0158 息 쉴 식 | 心 | 총 10획 **4Ⅱ급**
[安息年 안식년] 일정한 단위로 주는 휴가
[休息 휴식] 하던 일을 멈추고 잠깐 쉼

0159 延 늘일 연 | 廴 | 총 7획 **4급**
[延期 연기] 정해진 기한을 뒤로 물려서 늘림
[延着 연착] 정해진 시간보다 늦게 도착함

0160 舍 집 사 | 舌 | 총 8획 **4Ⅱ급**
[寄宿舍 기숙사] 학교에서 제공하는 숙소
[校舍 교사] 학교의 건물

0161 私 사사로울 사 | 禾 | 총 7획 **4급**
[私財 사재] 개인이 소유하고 있는 재산
[私見 사견] 자기 개인의 생각이나 의견

0162 再 두 재: | 冂 | 총 6획 **5급**
[再修生 재수생] 학과를 다시 배우는 학생
[再起 재기] 힘을 모아 다시 일어섬

한석이가 말을 잇지 못하자 호동이와 휘재는 안도의 한숨을 내쉬었고, 재석이는 한석이의 등을 토닥이며 격려했다. 게임은 한석이부터 다시 시작되었다.

0163 活 살 활 | 水 | 총 9획 **7급** [生活 생활] 생계나 살림을 꾸려 나감 [活力 활력] 살아 움직이는 힘	**0167 液** 진 액 | 水 | 총 11획 **4Ⅱ급** [細胞液 세포액] 세포 안에 있는 용액 [水液 수액] 물이나 액체
0164 貧 가난할 빈 | 貝 | 총 11획 **4Ⅱ급** [活貧黨 활빈당] 가난한 사람을 돕던 도적 [貧困 빈곤] 가난하여 살기가 어려움	**0168 額** 이마 액 | 頁 | 총 18획 **4급** [額子 액자] 그림, 사진 등을 끼우는 틀 [額面 액면] 겉으로 드러난 모습
0165 萬 일만 만: | 艸 | 총 13획 **8급** [萬歲 만세] 영원히 삶. '대한민국 만세' [萬感 만감] 여러 가지 느낌	**0169 尊** 높을 존 | 寸 | 총 12획 **4Ⅱ급** [自尊心 자존심] 결코 굽히지 않는 마음 [尊嚴 존엄] 인물이나 지위가 높고 엄숙함
0166 歲 해 세: | 止 | 총 13획 **5급** [歲月 세월] 흘러가는 시간 [歲拜 세배] 정초에 웃어른께 하는 절	**0170 多** 많을 다 | 夕 | 총 6획 **6급** [多血質 다혈질] 감정의 기복이 큰 성격 [多數 다수] 수효가 많음

한석이의 위기를 구하려는 재석이의 노력으로 드디어 1 대 1. 게임은 다시 원점 상태로 돌아갔고 전의를 불태우는 두 팀. 휘재부터 다시 시작되었다.

0171 血	피 혈 | 血 | 총 6획 [4Ⅱ급] [心血 심혈] 마음과 힘을 아울러 이르는 말 [血統 혈통] 같은 핏줄의 계통		0175 業	업 업 | 木 | 총 13획 [6급] [業種 업종] 직업이나 영업의 종류 [業務 업무] 직장 같은 곳에서 맡아서 하는 일
0172 質	바탕 질 | 貝 | 총 15획 [5급] [質量 질량] 물체의 고유한 역학적 기본량 [性質 성질] 사람이 지닌 마음의 본바탕		0176 宗	마루 종 | 宀 | 총 8획 [4Ⅱ급] [宗親會 종친회] 성, 본관이 같은 일가의 모임 [宗家 종가] 맏아들로 이어 온 큰집
0173 良	어질 량 | 艮 | 총 7획 [5급] [良心囚 양심수] 신념의 문제로 투옥된 사람 [善良 선량] 행실이나 성질이 착함		0177 食	먹을/밥 식 | 食 | 총 9획 [7급] [會食 회식] 여럿이 모여 함께 음식을 먹음 [食堂 식당] 건물 안의 식사하는 장소
0174 手	손 수(:) | 手 | 총 4획 [7급] [手工業 수공업] 소규모 공업 [擧手 거수] 손을 위로 들어 올림		0178 樂	즐길 락 / 노래 악 / 좋아할 요 | 木 | 총 15획 [6급] [食道樂 식도락] 여러 음식 맛보는 것을 즐김 [樂器 악기] 음악을 연주하는 데 쓰는 기구

"스톱! 스톱! 양심수 다음에 수공업? 재석아, 반칙을 범했구나. 하하."

시무룩해진 재석이.

너무 긴장하고 있던 한석이가 결국 지는 바람에 게임 스코어는 2 대 2 동점! 결국, 호동이의 엉덩이에 맞고 골대로 들어간 재석이의 공은 반칙도, 자책골도 아닌 무효 처리되었다. 그리고 쿵쿵따 4인방의 흥미진진한 축구 시합은 계속되었다.

0179 다행 행 | 干 | 총 8획 **6급**

幸

[幸運 행운] 좋은 운수
[不幸 불행] 행복하지 않음

0180 옮길 운: | 辶 | 총 13획 **6급**

運

[運送費 운송비] 운반의 보수로 받는 돈
[不運 불운] 운수가 좋지 않음

0181 보낼 송: | 辶 | 총 10획 **4Ⅱ급**

送

[送信 송신] 전기를 통해 신호를 보냄
[送年 송년] 묵은 한 해를 보냄

0182 슬플 비: | 心 | 총 12획 **4Ⅱ급**

悲

[悲慘 비참] 더할 수 없이 슬프고 끔찍함
[悲哀 비애] 슬퍼하고 서러워함

0183 참여할 참 / 석 삼 | 厶 | 총 11획 **5급**

參

[參與者 참여자] 어떤 일에 관계된 사람
[參百萬 삼백만] '삼백만(3,000,000)원'

0184 더불/줄 여: | 臼 | 총 14획 **4급**

與

[與論 여론] 사회 대중의 공통된 의견
[與野 여야] 여당과 야당

0185 말미암을 유 | 田 | 총 5획 **6급**

由

[自由 자유] 구속 없이 마음대로 행동함
[緣由 연유] 어떤 일의 까닭

0186 남길 유 | 辶 | 총 16획 **4급**

遺

[遺傳子 유전자] 유전 형질 발현의 원인 인자
[遺書 유서] 유언을 적은 글

쿵쿵따 4인방, 축구 시합을 하다

막상막하(莫上莫下)로 진행되던 축구 시합에서 휘재가 헤딩슛으로 선취점(先取點)을 얻었다.

"야호!" 휘재와 호동이는 환호(歡呼)했지만, 곧바로 한석이가 넘어지면서 엉겁결에 찬 공이 골인으로 이어졌고, 호동이의 발걸기 반칙(反則)으로 페널티킥을 얻은 재석이가 추가점(追加點)을 획득! 재석과 한석 팀이 극적인 승리(勝利)를 거두었다.

"형은 왜 괜히 발을 걸고 그래? 정정당당(正正堂堂)하게 해도 우리가 이길 수 있었단 말이야!"

"야, 내가 언제 발을 걸었다고 그래. 이건 완전히 재석이가 일부러 넘어진 거야! '할리우드 액션'이란 말이야!"

호동이가 궁색한 변명을 늘어 놓았지만 승부(勝負)는 이미 판가름이 난 상태였다.

"패자(敗者)는 말이 없는 법이지. 어서 음료수(飮料水)나 사 와!"

재석이와 한석이는 신바람이 나서 휘재와 호동이를 약올렸고, 휘재는 심술(心術)이 나서 호동이에게 쏘아붙였다.

"형이 가서 음료수 사 와!"

호동이는 음료수를 사러 터벅터벅 공터를 빠져 나갔고, 그래도 분이 안 풀린 휘재는

"한 번 더 해!"라며 재석이와 한석이에게 도전장을 내밀었다.

"좋아! 도전을 받아주지!"

그런데 음료수를 사러 간 지 30분이 넘도록 호동이는 나타날 줄 모른다. 휘재와 재석이와 한석이는 기다리다 지쳐 투덜댔다.

"호동이 형은 왜 이렇게 안 오는거야. 아, 목말라."

"분명(分明) 혼자서 뭔가를 사 먹고 있을 거야."

"음료수 사 주기 싫어서 도망을 간 거 아냐?"

저마다 한 마디씩 하고 있는데, 멀리서 호동이가 핫도그를 하나 입에 물고 '쿵쿵쿵쿵' 달려오고 있다.

"아니, 형! 왜 이제야 오는 거야? 그리고 그 입에 핫도그는 뭐야! 혼자서만."

"열심히 뛰었더니 너무 배가 고파서 말이야. 하하."

재석이는 입을 삐죽대며 한 마디 더 하고 싶었지만 호동이에게 또 꿀밤을 맞을까 봐 참는 듯했다.

"야, 그런데 말이야. 이렇게 한바탕 땀흘리고 뛰니까 기분 좋지 않니? 난 참 상쾌한 것 같아. 너희들은 어때?"

휘재의 질문에 한석이가 대답했다.

"응, 나도 그래. 우리 아예 일 주일(一週日)에 한 번씩 여기 모여서 축구 시합을 하는 건 어떨까?"

"좋아! 그럼 다음 주에 모이는 걸로 하고, 우리 쿵쿵따 한번 하고 그만 헤어지자. 나, 사실 아직 숙제(宿題)를……." 재석이가 머리를 긁으며 말했다.

4인방의 마무리 쿵쿵따 게임이 호동이의 진행으로 시작되었다.

"제시어는 **의기양양**(意氣揚揚)이고, 나, 휘재, 재석이, 한석이의 순서야. 알겠지?"

意氣揚揚 의기양양
뜻한 바를 이루어 만족한 모습

0187 意
뜻 의: | 心 | 총 13획　6급
[意圖 의도] 무엇을 하고자 하는 생각, 계획
[意見 의견] 어떤 대상에 대해 가지는 생각

0188 都
도읍 도 | 邑 | 총 12획　5급
[都邑地 도읍지] 한 나라의 서울
[都廳 도청] 도의 행정을 맡은 지방 관청

0189 邑
고을 읍 | 邑 | 총 7획　7급
[邑內 읍내] 읍의 구역 안
[邑民 읍민] 그 읍에 사는 사람

0190 地
따 지 | 土 | 총 6획　7급
[地理 지리] 지형이나 길의 형편
[地質 지질] 지각을 이루는 지층의 성질

0191 知
알 지 | 矢 | 총 8획　5급
[知識 지식] 대상에 대해 알게 된 인식
[知人 지인] 아는 사람

0192 困
곤할 곤 | 口 | 총 7획　4급
[食困症 식곤증] 식사 후 나른하고 졸린 증상
[困難 곤란] 사정이 몹시 딱하고 어려움

0193 證
증거 증 | 言 | 총 19획　4급
[證據 증거] 어떤 사실을 증명할 수 있는 근거
[認證 인증] 문서나 행위를 공적으로 증명함

한석이가 그만 '휘'를 잇지 못하고 '휘~' 하고 한숨을 쉬고 말았다.

0194 據 근거 거 | 手 | 총 16획 [4급]
[根據 근거] 근본이 되는 거점
[據點 거점] 활동의 근거가 되는 중요한 지점

0195 居 살 거 | 尸 | 총 8획 [4급]
[居住地 거주지] 현재 거주하고 있는 장소
[獨居 독거] 홀로 지냄. '독거 노인'

0196 住 살 주: | 人 | 총 7획 [7급]
[住宅 주택] 사람이 살 수 있게 지은 건물
[入住 입주] 새 집에 들어가 삶

0197 揮 휘두를 휘 | 手 | 총 12획 [4급]
[指揮 지휘] 단체의 행동을 통솔함
[發揮 발휘] 재능, 능력을 떨치어 나타냄

0198 氣 기운 기 | 气 | 총 10획 [7급]
[氣象 기상] 대기 중에서 일어나는 물리현상
[氣運 기운] 어떤 일이 벌어지려는 분위기

0199 常 떳떳할/항상 상 | 巾 | 총 11획 [4Ⅱ급]
[常綠樹 상록수] 사철 내내 잎이 푸른 나무
[常時 상시] 관례대로의 보통 때

0200 複 겹칠 복 | 衣 | 총 14획 [4급]
[複雜性 복잡성] 여러 가지가 얽힌 상태
[複數 복수] 둘 이상의 수

0201 雜 섞일 잡 | 隹 | 총 18획 [4급]
[雜食 잡식] 음식을 가리지 않고 먹음
[雜念 잡념] 여러 가지 잡스러운 생각

이번에는 휘재가 그만 말을 잇지 못하고 머뭇거리다가 "아, 품위! 품위!" 하고 뒤늦게 외쳤지만, 이미 엎질러진 물.

휘재의 허둥거리는 모습을 보고 모두 유쾌하게 웃으며 다시 게임을 시작했다.

말을 잇지 못한 재석이가 휘재를 노려보았지만 못 본 척하는 휘재.

0202 成 이룰 성 | 戈 | 총 7획 **6급**
[成就 성취] 목적한 바를 이룸
[成事 성사] 일이 이루어짐

0203 取 가질 취: | 又 | 총 8획 **4Ⅱ급**
[取得者 취득자] 자기 것으로 가진 사람
[取材 취재] 기사나 재료를 찾는 일

0204 水 물 수 | 水 | 총 4획 **8급**
[揚水機 양수기] 물을 퍼 올리는 기계
[水災 수재] 홍수, 장마 등 물로 입은 피해

0205 起 일어날 기 | 走 | 총 10획 **4Ⅱ급**
[起牀 기상] 잠자리에서 일어남
[蜂起 봉기] 벌떼처럼 세차게 일어남

0206 上 윗 상: | 一 | 총 3획 **7급**
[上級者 상급자] 더 높은 계급에 있는 사람
[上下 상하] 위와 아래

0207 級 등급 급 | 糸 | 총 10획 **6급**
[級數 급수] 기술을 우열에 따라 매긴 등급
[等級 등급] 높낮이, 좋고 나쁨을 구분한 단계

0208 他 다를 타 | 人 | 총 5획 **5급**
[自他 자타] 자기 자신과 남
[他地 타지] 다른 지방이나 지역

0209 打 칠 타: | 手 | 총 5획 **5급**
[打撲傷 타박상] 맞거나 부딪혀 생긴 상처
[打作 타작] 이삭을 떨어 낟알을 거두는 일

"하하하! 성냥은 한자어가 아니라고."

한석이의 연속되는 실수에 모두들 배꼽을 잡고 웃었고, 즐거운 쿵쿵따 게임을 마친 4인방은 다음 축구 시합을 기약(期約)하며 헤어졌다.

0210 다칠 상 | 人 | 총 13획 **4급**

傷
[傷處 상처] 다쳐서 부상을 입은 자리
[負傷 부상] 몸에 상처를 입음

0211 상줄 상 | 貝 | 총 15획 **5급**

賞
[賞罰 상벌] 상과 벌
[賞狀 상장] 상을 주는 뜻을 표해 주는 증서

0212 벌할 벌 | 网 | 총 14획 **4Ⅱ급**

罰
[罰則 벌칙] 처벌을 정하여 놓은 규칙
[處罰 처벌] 형벌에 처함

0213 뭍 륙 | 阜 | 총 11획 **5급**

陸
[揚陸 양륙] 배에 실린 짐을 뭍으로 운반함
[陸地 육지] 대륙과 연결되어 있는 땅

0214 여섯 륙 | 八 | 총 4획 **8급**

六
[六角形 육각형] 여섯 직선을 가진 도형
[六甲 육갑] 남의 언동을 비속하게 이름

0215 형벌 형 | 刀 | 총 7획 **4급**

刑
[刑法 형법] 범죄와 형벌에 관한 법률 체계
[刑罰 형벌] 범법자에게 제재를 가함

0216 법 법 | 水 | 총 8획 **5급**

法
[法則性 법칙성] 법칙에 맞는 성질
[犯法 범법] 법을 어김

0217 법칙 칙 / 곧 즉 | 刀 | 총 9획 **5급**

則
[規則 규칙] 함께 지키기로 작정한 법칙
[滿則溢 만즉일] 가득 차면 곧 넘친다

한자가 만들어지는 원리

◑ 한자의 구성요소

소리를 나타내는 한글과 달리 한자는 뜻을 나타내는 표의문자(表意文字)로서, 글자마다 고유한 모양(形·형), 소리(音·음), 뜻(意·의)의 세 가지 요소를 갖추고 있다. 예를 들어, 한자 '日'은 해의 모양을 본떠 만든 글자이다. '日'은 '일'로 소리가 나며, 해를 의미한다. 마찬가지로 나무를 본뜬 '木'은 '목'으로 소리가 나며, 나무를 뜻한다. 이렇듯 한자를 배우기 위해서는 모양, 소리, 뜻, 이 세 가지를 모두 익혀야 한다.

日 - 모양(形)
일 - 소리(音)
해 - 뜻(意)

木 - 모양(形)
목 - 소리(音)
나무 - 뜻(意)

◑ 한자의 제작원리, 육서(六書)

한자가 만들어지는 원리를 최초로 밝힌 사람은 중국 한(漢)나라의 학자 허신(許愼)이다. 허신은 그의 저서 《설문해자(說文解字)》에서 상형·지사·회의·형성·전주·가차 등 여섯 가지로 한자가 만들어지는 방법을 설명했는데, 이를 육서(六書)라 한다.

상형(象形)·지사(指事)·회의(會意)·형성(形聲)은 한자가 직접 만들어지는 제자(製字) 원리이며, 전주(轉注)와 가차(假借)는 이미 만들어진 한자를 이용해 새로운 뜻의 한자를 만드는 운용 방법이다.

古文象形文字의一例

상형(象形)

　한자가 만들어지는 가장 기본적인 원리는 사물의 형태(形·모양 형)를 본뜨는(象·본뜰 상) 것이다. 눈에 비친 사물의 구체적인 모습을 본뜬 글자를 상형문자라고 하며, 이것은 한자뿐만 아니라 다른 고대 문자에서도 흔히 볼 수 있는 특징이다.

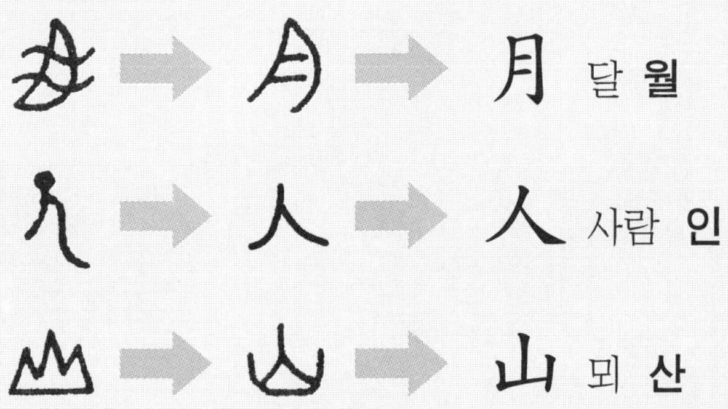

모양으로 형상화할 수 없는 추상적 일(事 · 일 사)이나 생각을 점 또는 선으로 대신 가리키게 (指 · 가리킬 지) 하여 글자를 만드는 방식. 즉 눈에 보이지 않는 개념의 뜻을 부호로 표시하는 제자 원리이다.

二 ➡ 上 ➡ 上 (윗 상)

二 ➡ 下 ➡ 下 (아래 하)

本 ➡ 本 ➡ 本 (근본 본)

상형이나 지사의 방법으로 만들어진 한자 둘 이상의 뜻(意 · 뜻 의)을 모아(會 · 모일 회) 새로운 뜻의 글자로 만드는 원리. 두 글자 이상이 모여 만들어진 회의자는 각 글자마다의 뜻이 합쳐진 의미를 가지고 있다.

日 (해 일) + 月 (달 월) = 明 (밝을 명)
해와 달이 합쳐졌으니, 무척 밝겠죠!

木 (나무 목) + 木 (나무 목) = 林 (숲 림)
나무와 나무가 모여 숲을 이루죠.

田 (밭 전) + 力 (힘 력) = 男 (사내 남)
옛날에는 여자는 집안에서, 남자는 밭에서 힘을 썼습니다.

　이미 만들어진 둘 이상의 한자를 결합하여 새로운 글자를 만들되, 한쪽은 뜻(形·모양 형)과 다른 한쪽은 소리(聲·소리 성)를 나타내도록 짜인 글자. 한자의 80%가 형성으로 제자되었으며, 뜻을 나타내는 쪽이 부수인 경우가 많다.

水 (물 수) + 羊 (양 양) = 洋 (바다 양)
뜻 부분　　　　　　음 부분

穴 (구멍 혈) + 工 (장인 공) = 空 (빌 공)
뜻 부분　　　　　　음 부분

　전주에 대한 명확한 학설은 없으나, 이미 있는 글자의 본래 의미로부터 뜻을 유추하고 전환(轉·구를 전)시켜 다른 뜻을 이끌어(注·물댈 주) 내는 것을 말한다. 즉 하나의 글자 뜻에서 새로운 뜻이 갈라져 나온 것이다.

樂 (풍류 악)　音樂 (음악)

　→ 樂 (즐거울 락)　娛樂 (오락)

　→ 樂 (좋아할 요)　樂山 (요산)

　어떤 사물을 글자로 나타낼 때, 글자의 뜻과는 상관없이 그 소리만 빌려(假·빌릴 가, 借·빌릴 차) 쓰는 것을 말한다. 보통 동물 소리의 흉내, 새로 만들어진 개념, 현대의 외래어 표기 등에 많이 사용된다.

亞細亞　아시아(Asia)

弗　미국의 화폐 단위, 달러($)

堂堂　떳떳한 모습이나 태도

한자 퍼즐 ②

가로 열쇠

1 한문(漢文) 입문자를 위한 교과서. 각기 다른 글자 1,000자로 이루어졌음.

3 배우는 사람. '공부는 ○○의 본분(本分).'

5 크게 느끼어 마음이 움직임. "책을 읽고 ○○을 받다."

6 좋은 운수. 또는 행복한 운수. '7은 ○○의 숫자'

8 주로 전기적 수단을 이용하여 전신이나 전화, 라디오, 텔레비전 방송 따위의 신호를 보냄. 수신(受信)의 반대.

9 손을 위로 들어 올림. 찬성과 반대, 경례 따위의 의사를 나타내는 경우에 쓰임.

11 직업이나 영업의 종류.

14 사람의 몸. '○○의 자유.'

15 우리 나라. "○○○○ 만세!"

세로 열쇠

1 운이 아주 좋았음을 뜻하는 고사성어. "목숨을 부지한 것만도 ○○○○이다."

2 사상이나 감정을 언어로 표현한 예술. 시, 소설, 희곡 등등.

4 생기 있게 살아 움직이는 듯한 느낌.

7 사람을 태워 보내거나 물건 따위를 실어 보냄.

10 손과 간단한 도구를 사용하여 생산하는 작은 규모의 공업.

12 사물의 부문을 나누는 갈래.

13 키가 큰 몸. 농구 선수들은 대부분 ○○이다.

15 한 무리의 우두머리. 사성장군.

16 한반도와 그에 딸린 섬에서 예로부터 살아온, 우리 나라의 중심이 되는 민족.

☺ 정답은 245쪽

3

좌충우돌 4인방,
동물원에 가다

햇볕이 너무나도 따사로운 어느 일요일(日曜日), 한껏 멋을 낸 쿵쿵따 4인방이 동물원(動物園)으로 소풍을 갔다. 시간(時間) 맞추어 입구(入口)에 모두 모인 4인방.

"와, 재석이 폼 나는데? 너 누나 옷 몰래 입고 나왔구나? 킥킥킥."

못보던 티셔츠를 입고 나온 재석이를 보며 휘재가 재미있다는 듯 한 마디를 던졌다. 왠지 모를 쑥스러움에 얼굴이 달아오른 재석이도 이에 질세라 대꾸했다.

"뭐 묻은 개가 뭐 묻은 개 나무란다고, 그러는 너는 왠 아버지 향수(香水) 냄새냐? 여기서 여자 친구(女子親舊)라도 만나기로 했냐?"

휘재는 무시하듯 먼 산(山)만 보며 딴청을 피웠다.

"애들아, 우리 빨리 어디라도 가자. 이러다가 날 저물겠어. 모처럼 동물원에 왔는데, 이런 식으로 시간을 허비해서야 되겠니?"

마음이 급해진 한석이가 동물원 앞에서 말다툼으로 시간을 보내기가 아까워 먼저 발걸음을 옮기며 말했다.

원숭이 우리 앞에 다다른 4인방.

한번이라도 사고(事故) 없이 넘어갈 그들이 아니다.

우리 앞에 가까이 붙어 서 있지 말라는 경고문을 무시하고 마음에 드는 원숭이에게 직접 과자를 건네 주려 했던 호동이. 하지만 원숭이들의 손아귀에 웃옷 자락을 잡혀 곤욕을 치르고 놀란 나머지 얼이 빠져 버리는 사태가 발생(發生)한 것이다.

호동이와 걸핏하면 시비(是非)에 휘말리는 재석이는 그저 고소해 죽겠다는 듯 웃느라 정신이 없지만, 놀란 가슴을 쓸어 내리며 재빨리 이성(理性)을 되찾은 한석이의 태도는 재석이와는 조금 달랐다.

"형, 정신(精神) 좀 차려봐. 경고문이란 게 괜히 있는 건 아니라니깐. 그만 진정하고 기운을 내. 이런 식으로 티격태격 하다가는 오늘 안에 동물원 구경 다 하지도 못하겠다."

한석이의 말이 끝나자 휘재가 이어서 말했다.

"내 예상이 '백발백중(百發百中)' 들어맞았지. 호동이 형이 이런 데 와서 사고 한번 안 치고 넘어갈 사람이 아니거든. 아무래도 쿵쿵따를 해야만 형이 정신을 차릴 것 같아. 제시어(提示語)는 다들 눈치 채고 있겠지?"

이리하여, 4인방은 **백발백중**(百發百中)이라는 제시어를 두고 또 다시 쿵쿵따 게임을 하게 되었다. 재석, 한석, 호동, 휘재의 순서였다.

百發百中 백발백중
백 번 쏘아 백 번 맞힌다

0218 百
일백 백 | 白 | 총 6획 **7급**
[百日紅 백일홍] 국화과의 한해살이풀
[百姓 백성] 국민을 예스럽게 이르는 말

0219 日
날 일 | 日 | 총 4획 **8급**
[日氣 일기] 날씨. '일기예보'
[日出 일출] 해가 뜸.

0220 紅
붉을 홍 | 糸 | 총 9획 **4급**
[紅潮 홍조] 아침 해에 붉게 물든 바다
[紅蛤 홍합] 홍합과의 조개

0221 合
합할 합 | 貝 | 총 11획 **6급**
[合衆國 합중국] 둘 이상의 국가, 주의 연합체
[合當 합당] 알맞은 상태. '합당한 이유'

0222 史
역사/사기 사: | 口 | 총 5획 **5급**
[國史 국사] 나라의 역사
[史觀 사관] 역사를 바라보는 관점

0223 四
넉 사: | 口 | 총 5획 **8급**
[四角帽 사각모] '사각모를 쓴 졸업생'
[四季 사계] 봄·여름·가을·겨울

0224 乳
젖 유 | 乙 | 총 8획 **4급**
[母乳 모유] 제 어미의 젖
[乳兒 유아] 젖먹이. 생후 6~7개월 이전

"혼자서만 신나게 깔깔대더니, 고것 참 쌤통이다."

호동이가 재석이에게 눈을 흘기며 말했다.

두 번째 게임은 재석이를 처음으로 시작되었다.

"꿍스~ 꿍스꿍스~ 쿵쿵따리~ 쿵쿵따~ 쿵쿵따리~ 쿵쿵따!
발**명가**(發明家) 쿵쿵따 **가구**(家具) 쿵쿵따 **구세군**(救世軍) 쿵쿵따
군졸(軍卒) 쿵쿵따 **졸업식**(卒業式) 쿵쿵따 **식수**(植樹) 으……."

비교적 쉬운 첫 자를 놓고 호동이가 뜻하지 않은 실수를 했다.

다음 게임에서는 꼭 실수를 만회하리라는 각오로 호동이가 첫 번째 단어(單語)를 크게 외쳤다.

0225 儒 선비 유 | 人 | 총 16획 **4급**
[儒佛仙 유불선] 유교와 불교와 선교
[儒林 유림] 유학을 신봉하는 무리

0226 佛 부처 불 | 人 | 총 7획 **4Ⅱ급**
[佛經 불경] 불교 교리를 적은 경전
[石佛 석불] 돌로 만든 부처

0227 仙 신선 선 | 人 | 총 5획 **5급**
[仙境 선경] 신비스러운 경치
[仙女 선녀] 하늘에서 사는 신비한 여인

0228 擇 가릴 택 | 手 | 총 16획 **4Ⅱ급**
[選擇 선택] 골라 뽑음
[擇日 택일] 운수가 좋은 날을 가려서 고름

0229 發 필 발 | 癶 | 총 12획 **6급**
[發明家 발명가] 새롭게 만들어 내는 사람
[發刊 발간] 책 따위를 만들어 냄

0230 具 갖출 구(:) | 八 | 총 8획 **5급**
[家具 가구] 집안 살림에 쓰는 기구
[具備 구비] 빠짐없이 갖춤

0231 世 인간 세 | 一 | 총 5획 **7급**
[救世軍 구세군] 영국의 기독교 종파
[世紀 세기] 백 년을 단위로 하는 기간

0232 軍 군사 군 | 車 | 총 9획 **8급**
[軍人 군인] 군대에서 복무하는 사람
[軍隊 군대] 조직된 군인의 집단

"헤헤헤. 이번에도 내가 걸릴 줄 알았지?"

가까스로 위기를 모면한 재석이가 우물쭈물 하고 있던 한석이를 약올렸다.

아까부터 계속 재석이의 행동(行動)이 못마땅한 호동이가 말했다.

"지금 그렇게 우쭐할 입장(立場)이 아닐 텐데? 너도 우리랑 똑같은 1패란 걸 잊지마."

0233 卒	마칠 졸 | 十 | 총 8획 **5급** [卒業式 졸업식] 졸업 축하 의식 [卒兵 졸병] 직위가 낮은 병사
0234 植	심을 식 | 木 | 총 9획 **7급** [植樹 식수] 나무를 심음 [移植 이식] 옮겨서 심음
0235 樹	나무 수 | 木 | 총 16획 **6급** [樹林 수림] 나무숲. '수림이 무성하다' [街路樹 가로수] 길을 따라 심은 나무
0236 年	해 년 | 干 | 총 6획 **8급** [百年草 백년초] 선인장 [新年 신년] 새로운 해
0237 過	지날 과: | 辵 | 총 13획 **5급** [超過 초과] 일정한 수나 한도를 넘음 [過去 과거] 이미 지나간 때
0238 科	과목 과 | 禾 | 총 9획 **6급** [科學者 과학자] 과학을 연구하는 사람 [科目 과목] 배워야 할 지식의 영역
0239 學	배울 학 | 子 | 총 16획 **8급** [學生 학생] 배우는 사람 [晩學 만학] 나이가 들어 뒤늦게 공부함
0240 石	돌 석 | 石 | 총 5획 **6급** [磁石 자석] 자기를 띤 물체 [石像 석상] 돌을 조각해 만든 사물의 형상

한석이가 웃으며 마지막 게임을 진행해 나갔다.

마지막 게임은 세 글자 단어를 말해야 할 차례에 두 글자 단어를 말해 버린 한석이의 패배로 끝이 났다.

호동이는 쿵쿵따 게임을 하는 동안 놀란 마음이 많이 가라앉고 얼굴색도 한결 밝아졌다.

일행은 다음 장소로 이동할 준비를 서둘렀다.

0241 畫 그림 화: / 그을 획 | 田 | 총 13획 6급
[石版畫 석판화] 석판에 그려 찍는 평판화
[畫家 화가] 그림을 전문으로 그리는 사람

0242 火 불 화(:) | 火 | 총 4획 8급
[火災 화재] 불로 인한 재앙
[放火 방화] 일부러 불을 지름

0243 災 재앙 재 | 火 | 총 7획 5급
[災害 재해] 재앙으로 입은 피해
[防災 방재] 재해를 막는 일

0244 財 재물 재 | 貝 | 총 10획 5급
[財力家 재력가] 재산이 많은 사람
[財産 재산] 재화, 자산을 통틀어 이르는 말

0245 中 가운데 중 | ㅣ | 총 4획 8급
[中央線 중앙선] 차도 중간에 그은 차선
[中間 중간] 두 사물의 사이

0246 宣 베풀 선 | 宀 | 총 9획 4급
[宣誓 선서] 여럿 앞에서 맹세함
[宣言 선언] 널리 펴서 말함

0247 西 서녘 서 | 襾 | 총 6획 8급
[西南風 서남풍] 서남쪽에서 불어오는 바람
[西海 서해] 서쪽 바다

0248 風 바람 풍 | 風 | 총 9획 6급
[暴風 폭풍] 매우 세차게 부는 바람
[美風 미풍] 아름다운 풍속

좌충우돌 4인방, 동물원에 가다

쿵따 4인방은 오랫동안 고대해 왔던 돌고래 쇼를 오늘에서야 드디어 볼 수 있게 되었다.

"얘들아, 나 지금 가슴이 너무 두근거려. 나는 돌고래 쇼가 너무 보고 싶어서 꿈까지 꾸었다니까."

덩치에 어울리지 않게 호동이가 가슴께로 두 손을 꼭 모아 쥐고 감격에 찬 목소리로 말했다.

이 때 한석이가 생각났다는 듯 끼여들었다.

"참, 그거 알아? 이 동물원에서는 돌고래 쇼뿐만 아니라 물개 쇼도 함께 보여 준대."

그러자, 휘재가 놀라운 걸 발견(發見)한 듯 소리쳤다.

"이것 봐! 진짜 여기 입장권(入場券)에도 써 있어! 빨리 들어가자! 나는 더 이상 못 참겠다."

질서정연하게 입장(入場)이 끝났고, 곧이어 앙증맞은 물개 두 마리가 조련사와 호흡을 맞추며 재미있는 공연을 펼쳐 보였다.

물개들이 퇴장(退場)을 한 후(後) 드디어 날렵한 몸매의 돌고래들이 모

습을 드러냈다. 신이 난 휘재는 손가락을 입에 넣은 채 계속해서 휘파람을 크게 불었다.

조련사들의 호령에 맞추어 돌고래들의 놀라운 묘기가 이어졌다. 호동이가 소리쳤다.

"이야! 정말 대단하다! 저 조련사가 나라면 얼마나 좋을까? 돌고래들이랑 동고동락(同苦同樂)할 수만 있다면 여한이 없을 것 같아!"

"형! 나도 돌고래들이 연기를 너무 잘 해서 눈물이 날 지경이야."

재석이도 바쁘게 움직이는 돌고래들에게 시선(視線)을 고정(固定)한 채 안절부절못하면서 호동이의 말을 거들었다.

공연이 모두 끝난 후에도 4인방은 쉽게 자리를 뜨지 못했다. 휘재가 멍

한 얼굴로 말했다.

"난 오늘부터 잠은 다 잤어. 돌고래들 모습이 눈 앞에 아른거려서 한숨도 못 이룰 것 같아."

한석이도 말했다.

"와……. 정말 기다린 보람이 있더라. 오죽했으면 호동이 형은 돌고래랑 동고동락(同苦同樂)하고 싶다고까지 하겠어? 하하하."

호동이가 웃으며 대꾸했다.

"정말, 앞으로는 조련사를 꿈꾸면서 좀더 열심히 공부해야겠어. 그런 의미로 우리 다음 코스로 이동하기 전에 동고동락(同苦同樂)으로 쿵쿵따 한판 어때! 준비됐나~!"

모두 입을 모아 찬성했다.

同苦同樂 동고동락

괴로움도 즐거움도 함께 함

0249 뜻 정 | 心 | 총 11획 **5급**
情
[同情 동정] 남의 어려운 처지를 딱하게 여김
[情談 정담] 정다운 이야기

0250 정사 정 | 攵 | 총 8획 **4Ⅱ급**
政
[政治家 정치가] 정치를 맡아서 하는 사람
[政治 정치] 나라를 다스리는 일

0251 노래 가 | 欠 | 총 14획 **7급**
歌
[歌舞 가무] 노래와 춤
[歌手 가수] 노래 부르는 것이 직업인 사람

0252 춤출 무: | 舛 | 총 14획 **4급**
舞
[舞踊 무용] 춤을 통한 예술
[群舞 군무] 여러 사람이 무리지어 춤을 춤

0253 호반 무: | 止 | 총 8획 **4Ⅱ급**
武
[武道人 무도인] 무예를 갈고 닦는 사람
[武術 무술] 무예에 쓰이는 기술

0254 사람 인 | 人 | 총 2획 **8급**
人
[人名 인명] 사람 이름
[個人 개인] 단체를 구성하는 낱낱의 사람

0255 인연 연 | 糸 | 총 15획 **4급**
緣
[因緣 인연] 사람들 사이에 맺어지는 관계
[緣分 연분] 서로 맺은 인연

"준비됐다~!"

재석, 휘재, 호동, 한석의 순으로 게임은 시작되었다.

휘재가 졌다. '간'으로 시작하는 단어가 재빨리 떠오르지 않는 바람에 그만 자진 항복했다.

0256 燃 탈 연 | 火 | 총 16획 [4급]
[燃燒體 연소체] 불에 타는 물체
[燃料 연료] 타면서 에너지를 내는 물질

0257 體 몸 체 | 骨 | 총 23획 [6급]
[體操 체조] 건강을 위해 몸을 움직임
[身體 신체] 사람의 몸

0258 祖 할아비 조 | 示 | 총 10획 [7급]
[祖父母 조부모] 할아버지와 할머니
[祖國 조국] 조상 대대로 살던 나라

0259 模 본뜰 모 | 木 | 총 15획 [4급]
[模型 모형] 실물을 모방해 만든 물건
[模倣 모방] 다른 것을 본뜸

0260 兄 형 형 | 儿 | 총 5획 [8급]
[兄弟間 형제간] 형과 아우 사이
[兄嫂 형수] 형의 아내를 이르는 말

0261 弟 아우 제: | 弓 | 총 7획 [8급]
[弟嫂 제수] 동생의 아내
[弟夫 제부] 여동생의 남편

0262 間 사이 간(:) | 門 | 총 12획 [7급]
[人間 인간] 사람, 사유하고 언어를 사용함
[時間 시간] 시각과 시각 사이의 간격

0263 苦 쓸 고 | 艸 | 총 9획 [6급]
[苦悶 고민] 마음 속으로 괴로워하고 애태움
[苦痛 고통] 괴로움과 아픔

"하하하! 민망해가 뭐야!"

재석이의 어이없는 답변에 모두가 배꼽을 잡고 한바탕 크게 웃었다.

0264 營 경영할 영 | 火 | 총 17획 [4급]
[民營化 민영화] 공기업을 민간에서 경영케 함
[經營 경영] 기업을 관리하고 운영함

0265 者 놈 자 | 老 | 총 9획 [6급]
[話者 화자] 이야기를 하는 사람
[讀者 독자] 책 등을 읽는 사람

0266 自 스스로 자 | 自 | 총 6획 [7급]
[自鳴鐘 자명종] 일정 시각에 울리는 시계
[自習 자습] 스스로 배우고 익힘

0267 鳴 울 명 | 鳥 | 총 14획 [4급]
[悲鳴 비명] 위급할 때 지르는 소리
[耳鳴 이명] 이상한 잡음이 들리는 귓병

0268 種 씨 종(:) | 禾 | 총 14획 [5급]
[種類 종류] 사물의 부문을 나누는 갈래
[種子 종자] 씨앗. '종자를 뿌리다'

0269 類 무리 류(:) | 頁 | 총 19획 [5급]
[人類 인류] 인간 사회
[分類 분류] 종류에 따라서 나눔

0270 牧 칠/기를 목 | 牛 | 총 8획 [4Ⅱ급]
[遊牧民 유목민] 옮겨 다니는 목축 민족
[牧場 목장] 소, 말 등을 놓아 기르는 곳

0271 胞 세포 포(:) | 月 | 총 9획 [4급]
[同胞 동포] 같은 나라, 민족을 이르는 말
[細胞 세포] 생물체를 이루는 기본 단위

"한석아! 상자는 순우리말이지, 한자어(漢字語)가 아니야. 하하!"

순서를 기다리던 재석은 쾌재를 부르며 좋아했지만, 상자(箱子)는 한자어이다. 빠르게 마지막 게임이 이어졌다.

이번에는 재석이가 간장이 한자어가 아님을 스스로 시인하면서 게임은 막을 내렸다. 시간만 허락된다면 돌고래 쇼를 더 보고 싶었지만 모두 아쉬운 마음을 접고 다음 행선지로 발걸음을 옮겼다.

0272 線 줄 선 | 糸 | 총 15획 **6급** [抛物線 포물선] 반원 모양으로 날아가는 선 [線路 선로] 레일을 깔아 놓은 길. 기찻길	**0276 士** 선비 사: | 士 | 총 3획 **5급** [樂士 악사] 악기로 음악을 연주하는 사람 [講士 강사] 강연을 하는 사람
0273 先 먼저 선 | 儿 | 총 6획 **8급** [先約 선약] 먼저 한 약속 [先生 선생] 학생을 가르치는 사람	**0277 思** 생각 사 | 心 | 총 9획 **5급** [思考力 사고력] 궁리하는 힘 [思慕 사모] 애틋하게 그리워 함
0274 約 맺을 약 | 糸 | 총 9획 **5급** [約定 약정] 어떤 일을 약속하여 정함 [規約 규약] 조직에서 지키도록 정해진 규칙	**0278 歷** 지날 력 | 止 | 총 16획 **5급** [歷史 역사] 사회가 거쳐 온 변천 모습 [略歷 약력] 간략하게 적은 이력
0275 藥 약 약 | 艸 | 총 19획 **6급** [藥箱子 약상자] 약을 넣어 두는 상자 [藥局 약국] 약사가 약을 조제하고 파는 곳	**0279 師** 스승 사 | 巾 | 총 10획 **4Ⅱ급** [師弟間 사제간] 스승과 제자 사이 [師事 사사] 스승으로 섬김

맹수(猛獸) 우리가 가까워 올수록 한석이는 흥분을 감추지 못했다. 휘재가 이상하다는 듯 쳐다보자 한석이가 조용히 입을 열었다.

"이제서야 고백(告白)하는 거지만, 나 사실(事實)은……. 사자랑 호랑이를 가까이에서 보는 건 이번이 처음이야."

호동이가 왜냐고 묻자 다시 한석이가 말했다.

"지금보다 더 어렸을 적에는 무서워서 눈도 제대로 못떴거든. 하지만 오늘은 똑똑히 보고 말거야."

그 말을 들은 재석이는 실소(失笑)를 금치 못했다.

"푸하하. 야, 그게 뭐가 무섭다고 그러냐? 어차피 전부 우리에 갇혀 있는 건데. 얼마나 안전(安全)한지 내가 곧 보여 주지."

재석이가 큰소리를 쳤다.

맹수 우리에 다다르니 양(兩) 쪽으로 나뉘어서 느긋한 한 때를 보내고 있는 사자와 호랑이가 드디어 눈에 들어왔다.

재석이가 맹수 우리의 철창을 탕탕 치며 말했다.

"보라구. 이렇게까지 해도 전혀 위험하지 않다니까. 아직도 나를 못 믿겠어?”

그 때였다. 재석이의 철창 두드리는 소리에 잠을 깬 숫사자 한 마리가 어슬렁 어슬렁 다가오더니 큰 소리로 ‘으르렁!’ 하고 포효하는 게 아닌가.

맹수 우리를 등지고 있던 재석이는 순간 들고 있던 음료수 병을 떨어뜨리며 화들짝 놀라 자기도 모르게 소리를 질렀다.

“옴마야! 꺄악!”

그 모습에 배를 움켜쥐고 웃던 호동이가 눈물을 닦으며 재석이를 놀렸다.

“잘난 척할 때는 언제고, 이제 와서 엄마를 찾는 나약한 모습을 보여서야

되겠냐? 크크. 그러게 왜 철창은 두드려서 잠자는 사자의 코털을 건드려?”

한술 더 뜨는 호동이도 미웠지만, 바닥에 다 흘려 버린 음료수가 아까워 재석이는 울상이 되고 말았다.

휘재가 재석이에게 조용히 말했다.

“위험한 일에 함부로 나서지 말라고 그렇게 일러도 **마이동풍**(馬耳東風)이더니……. 특히 이런 맹수 우리에서는 특히 조심해야지. 안 그래?”

이 때 한석이가 외쳤다.

“오! 마이동풍 좋은데? 우리 이참에 그걸로 쿵쿵따나 한판 하자. 찬성? 찬성?”

재석이는 별로 내키지 않았지만, 대세(大勢)에 따르기로 마음을 먹었다.

순서는 휘재, 재석, 한석, 호동으로 정해졌다.

馬耳東風 마이동풍

남의 말을 귀담아 듣지 아니함

0280 馬 말 마: | 馬 | 총 10획 5급
[馬車 마차] 말이 끄는 수레
[競馬 경마] 말을 달려 빠르기를 겨루는 경기

0281 差 다를 차 | 工 | 총 10획 4급
[差異點 차이점] 서로 같지 아니하고 다른 점
[偏差 편차] 일정한 기준에서 벗어난 정도

0282 點 점 점(:) | 黑 | 총 17획 4급
[點線 점선] 점, 짧은 선. 토막으로 된 선
[利點 이점] 이로운 점

0283 區 구분할/지역 구 | ㄷ | 총 11획 6급
[選擧區 선거구] 의원을 선출하는 단위 구역
[區廳 구청] 구의 행정을 맡아보는 관청

0284 舊 예 구: | 臼 | 총 18획 5급
[舊屋 구옥] 옛 집
[舊時代 구시대] 예전의 낡은 시대

0285 屋 집 옥 | 尸 | 총 9획 5급
[屋上 옥상] 지붕의 위
[韓屋 한옥] 우리 나라 고유 형식의 집

0286 玉 구슬 옥 | 玉 | 총 5획 4Ⅱ급
[玉童子 옥동자] 아이를 귀엽게 이르는 말
[玉體 옥체] 임금의 몸

"꿍스~ 꿍스꿍스~ 쿵쿵따리~ 쿵쿵따~ 쿵쿵따리~ 쿵쿵따!"
마차(馬車) 쿵쿵따 차이점(差異點) 쿵쿵따 점선(點線) 쿵쿵따
선거구(選擧區) 쿵쿵따 구옥(舊屋) 쿵쿵따 옥동자(玉童子) 쿵쿵따
자수(自首) 쿵쿵따 수온계(水溫計) 쿵쿵따 계통(系統) 쿵쿵따 통나무…….

"통나무? 하하." 엉뚱한 대답을 한 재석이가 첫 패를 했다.

"꿍스~ 꿍스꿍스~ 쿵쿵따리~ 쿵쿵따~ 쿵쿵따리~ 쿵쿵따!"
이목(耳目) 쿵쿵따 목욕탕(沐浴湯) 쿵쿵따 탕진(蕩盡) 쿵쿵따
진열장(陳列欌) 쿵쿵따 장담(壯談) 쿵쿵따 담수호(淡水湖) 쿵쿵따
호명(呼名) 쿵쿵따…….

0287 머리 **수** | 首 | 총 9획 **5급** 首 [自首 자수] 스스로 자신의 죄를 신고함 [首將 수장] 장수 가운데 우두머리	**0291** 귀 **이:** | 耳 | 총 6획 **5급** 耳 [耳目 이목] 귀와 눈 [耳順 이순] 나이 예순 살을 이르는 말
0288 따뜻할 **온** | 水 | 총 13획 **6급** 溫 [水溫計 수온계] 물의 온도를 재는 기구 [溫氣 온기] 따뜻한 기운	**0292** 눈 **목** | 目 | 총 5획 **6급** 目 [目擊 목격] 눈으로 직접 봄 [目次 목차] 목록, 제목, 조항 등의 차례
0289 이어맬/계통 **계:** | 糸 | 총 7획 **4급** 系 [系統 계통] 일정한 분야나 부문 [系譜 계보] 혈연, 학풍 등의 연속성	**0293** 목욕할 **욕** | 水 | 총 10획 **5급** 浴 [沐浴湯 목욕탕] 목욕 시설이 설치된 곳 [浴槽 욕조] 목욕 물을 담는 용기
0290 거느릴 **통:** | 糸 | 총 12획 **4Ⅱ급** 統 [統率 통솔] 무리를 거느려 다스림 [統合 통합] 조직, 기구를 하나로 합침	**0294** 다할 **진:** | 皿 | 총 14획 **4급** 盡 [蕩盡 탕진] 재물 따위를 다 써서 없앰 [消盡 소진] 점점 줄어들어 다 없어짐

사자 울음 소리에 놀라던 재석이의 모습을 떠올리며 킥킥 웃던 휘재가 대답할 기회를 놓치고 말았다. 그러나 휘재는 계속 키득대며 다음 게임의 첫 단어를 말했다.

"꿍스~ 꿍스꿍스~ 쿵쿵따리~ 쿵쿵따~ 쿵쿵따리~ 쿵쿵따!"
동해(東海) 쿵쿵따 해부학(解剖學) 쿵쿵따 학과(學課) 쿵쿵따
과로사(過勞死) 쿵쿵따 사찰(寺刹) 쿵쿵따 찰과상(擦過傷) 쿵쿵따
사촌(四寸)…… 형(兄)…….

게임이 너무 빨리 진행되는 바람에 그만 한석이가 박자를 놓치고 말았

0295 벌일 렬 | 刀 | 총 6획 **4Ⅱ급**

列

[陳列欌 진열장] 물건, 상품을 진열해 놓는 장
[行列 행렬] 여럿이 줄지어 감

0296 말씀 담 | 言 | 총 15획 **5급**

談

[壯談 장담] 확신을 가지고 자신 있게 말함
[談話 담화] 서로 이야기를 주고받음

0297 호수 호 | 水 | 총 12획 **5급**

湖

[淡水湖 담수호] 염분 함유량이 적은 호수
[湖畔 호반] 호숫가. '호반의 도시'

0298 부를 호 | 口 | 총 8획 **4Ⅱ급**

呼

[呼名 호명] 이름을 부름
[呼稱 호칭] 이름 지어 부름

0299 바다 해: | 水 | 총 10획 **7급**

海

[東海 동해] 동쪽에 있는 바다
[海風 해풍] 바다에서 육지로 불어오는 바람

0300 풀 해: | 角 | 총 13획 **4Ⅱ급**

解

[解剖學 해부학] 생물체 내부 구조를 연구함
[解答 해답] 질문, 의문을 풀이함

0301 공부할/과정 과 | 言 | 총 15획 **5급**

課

[學課 학과] 학문이나 학교의 과정
[課程 과정] 해야 할 일의 정도

0302 일할 로 | 力 | 총 12획 **4Ⅱ급**

勞

[過勞死 과로사] 과로로 목숨을 잃음
[勞動 노동] 몸을 움직여 일을 함

다. 어느 새 마지막 차례(次例)이다.

호동이의 함정에 걸린 한석이가 2패를 떠안고 게임이 끝났다.

쿵쿵따 게임으로 맹수 우리 앞에서의 시간은 빠르게 흘러 어느덧 즐거운 점심 시간(點心時間)을 맞이하게 되었다.

4인방은 점심 식사 장소(場所)로 적당한 곳을 찾기 위해 자리를 떴다.

0303 寺	절 사: | 寸 | 총 6획 4Ⅱ급	0307 爭	다툴 쟁 | 爪 | 총 8획 5급
	[寺刹 사찰] 부처님을 모시는 곳. 절 [宗寺 종사] 종파의 중심이 되는 절		[鬪爭 투쟁] 대상을 이기기 위한 싸움 [論爭 논쟁] 자기 주장을 말, 글을 통해 다툼
0304 寸	마디 촌: | 寸 | 총 3획 8급	0308 訪	찾을 방: | 言 | 총 11획 4Ⅱ급
	[寸刻 촌각] 지체할 수 없는 급박한 상황 [寸鐵 촌철] 작고 날카로운 쇠붙이나 무기		[尋訪 심방] 방문하여 찾아봄 [訪問 방문] 사람, 장소를 찾아가서 만나 봄
0305 景	볕 경(:) | 日 | 총 12획 6급	0309 深	깊을 심 | 水 | 총 11획 4Ⅱ급
	[風景 풍경] 경치. '풍경이 아름답다' [景致 경치] 자연이나 지역의 풍경		[深呼吸 심호흡] 깊이 들이마시며 숨을 쉼 [深淵 심연] 깊은 못
0306 競	다툴 경: | 立 | 총 20획 5급	0310 吸	마실 흡 | 口 | 총 7획 4Ⅱ급
	[競爭心 경쟁심] 남과 겨루어 이기려는 마음 [競技 경기] 일정한 규칙 아래 기량을 겨룸		[吸水 흡수] 물을 빨아들임 [吸着 흡착] 어떤 물질이 달라붙음

쿵따 4인방은 사람이 붐비는 시간이었지만 운(運) 좋게도 시원한 그늘 아래 마주 보도록 놓여 있는 빈 벤치를 발견(發見)하고 쾌재를 불렀다.

늦잠 때문에 미처 도시락을 싸 오지 못한 한석이만 근처 매점(賣店)에서 햄버거를 샀을 뿐, 나머지는 모두 맛깔스러운 김밥을 준비해 왔다.

호동이가 한석이를 보며 안쓰러운 듯 말했다.

"한석아. 그것만 먹어서는 별로 배가 안 부를 테니까, 내 김밥도 같이 먹어. 엄마께서, 친구들이랑 나누어 먹으라고 많이 싸 주셨어."

조금 풀이 죽어 있던 한석이가 밝게 웃었다. 이 때 재석이가 도시락을 열며 뽐내듯 말했다.

"이야, 내 김밥, 예술(藝術)이지 않냐? 누가 쌌는지 진짜 끝내준다, 끝내줘."

하지만 재석이의 표정(表情)에서 뭔가 석연치 않은 구석을 발견한 호동이가 김밥을 물끄러미 바라보며 물었다.

"근데, 김밥 모양(模樣)이 왜 이렇게 고르지 못하냐? 이것 봐. 아래 쪽

에 있는 건 거의 다 터져 있어. 푸하하!"

재석이가 호동이를 보며 퉁명스럽게 말했다.

"걱정하지 마. 형한테 먹어 보란 소리는 안 할 테니까. 내가 김밥 싸느라고 얼마나 힘들었는 줄 알아? 이만큼 싼 것도 진짜 훌륭한 거야. 아, 나는 도대체 커서 뭐가 되려고 이렇게 못하는 게 없지?"

이 말을 들은 휘재가 못 참겠다는 듯 한 마디를 던졌다.

"어이구, **자화자찬**(自畵自讚)이 늘어지는구나, 아주. 사람이 좀 겸손할 줄도 알아라. 그러니까 늘상 얄밉다는 핀잔이나 듣지."

재석이는 눈을 흘기며 입을 삐죽거렸다.

"얘들아, 우리 **자화자찬**(自畵自讚)으로 쿵쿵따 게임을 해서 지는 사람

이 재석이랑 도시락 바꿔 먹기로 하는 거 어때? 크하하!"

엉뚱한 벌칙(罰則)을 내세우며 쿵쿵따를 하자는 한석이의 제안(提案)에

호동이도 덩달아 맞장구를 쳤다.

"그래, 즐거운 점심 시간인데 쿵쿵따 한판 안 하고 넘어갈 수는 없지.

안 그래? 모두 준비!"

이번에는 한석, 호동, 재석, 휘재의 순서로 게임이 진행되었다.

"꿍스~ 꿍스꿍스~ 쿵쿵따리~ 쿵쿵따~ 쿵쿵따리~ 쿵쿵따!"

자습실(自習室) 쿵쿵따 **실기**(實技) 쿵쿵따 **기원전**(紀元前) 쿵쿵따

전분(澱粉) 쿵쿵따!

自畵自讚 자화자찬

자기가 한 일을 스스로 자랑함

0311 習
익힐 습 | 羽 | 총 11획 **6급**
[自習室 자습실] 공부를 하는 교실
[習得 습득] 배워서 자기 것으로 함

0312 技
재주 기 | 手 | 총 7획 **5급**
[實技 실기] 실제의 기능이나 기술
[技術 기술] 사물을 잘 다룰는 방법, 능력

0313 紀
벼리 기 | 糸 | 총 10획 **4급**
[紀元前 기원전] 기원 원년 이전
[世紀末 세기말] 한 세기의 끝

0314 元
으뜸 원 | 儿 | 총 4획 **5급**
[元帥 원수] 대장의 위로 가장 높은 계급
[元祖 원조] 첫 대의 조상

0315 前
앞 전 | 刀 | 총 9획 **7급**
[前進 전진] 앞으로 나아감
[食前 식전] 식사하기 전

0316 粉
가루 분 | 米 | 총 10획 **4급**
[澱粉 전분] 감자, 고구마의 앙금을 말린 가루
[粉乳 분유] 가루 우유

0317 報
갚을/알릴 보: | 土 | 총 12획 **4Ⅱ급**
[畵報集 화보집] 사진, 그림 등을 모은 책
[報恩 보은] 은혜를 갚음

"하하. 왜 생각나는 게 하나도 없지?"

호동이가 머리를 긁적이며 말했다.

"분무기(噴霧器) 있잖아. 분수령(分水嶺)도 있고……."

휘재가 한 마디 거든 후(後) 두 번째 게임이 시작되었다.

"'가? 흑, 너무 어렵잖아!"

0318 集 모을 집 | 隹 | 총 12획 6급
[集中 집중] 한 곳을 중심으로 해 모임
[募集 모집] 사람이나 작품을 뽑아 모음

0319 重 무거울 중: | 里 | 총 9획 7급
[重工業 중공업] 제철, 조선, 기계 제조업
[重量 중량] 무게. '중량 초과'

0320 績 길쌈 적 | 糸 | 총 17획 4급
[業績 업적] 사업, 연구에서 세운 공적
[功績 공적] 공로의 실적

0321 極 극진할 극 | 木 | 총 13획 4Ⅱ급
[積極性 적극성] 긍정적이고 능동적인 성격
[極盡 극진] 깍듯하다

0322 姓 성 성 | 女 | 총 8획 7급
[姓氏 성씨] '성'을 높여 부르는 말
[姓名 성명] 성과 이름. '성명 미상'

0323 名 이름 명 | 口 | 총 6획 7급
[名監督 명감독] 이름나거나 뛰어난 감독
[名唱 명창] 노래에 뛰어난 사람

0324 監 볼 감 | 血 | 14획 6급
[監修 감수] 책의 저술이나 편찬을 지도함
[監獄 감옥] 죄인을 가두어 두는 곳

0325 獨 홀로 독 | 犬 | 총 16획 5급
[獨身女 독신녀] 혼자 사는 여자
[獨立 독립] 예속되거나 의존하지 않는 상태

별로 어렵지 않은 걸로 실수한 자신에게 화가 나는지 호동이가 억지스
럽게 투덜댔다.

게임은 벌써 세 번째로 이어졌다.

"꿍스~ 꿍스꿍스~ 쿵쿵따리~ 쿵쿵따~ 쿵쿵따리~ 쿵쿵따!"
자립심(自立心) 쿵쿵따 심사(審査) 쿵쿵따 사랑방(舍廊房) 쿵쿵따
방귀…….

한석이의 재미있는 실수에 모두 한바탕 웃지 않을 수 없었다. 하지만
한석이는 살짝 속이 상한 표정이다.

재석이의 엉망진창 김밥을 먹을 수는 없다는 일념으로 한석이가 두 주

0326 餘 남을 여 | 食 | 총 16획 **4Ⅱ급**
[餘暇 여가] 일이 없어 한가로운 시간
[餘分 여분] 나머지

0327 暇 겨를/틈 가 | 日 | 13획 **4급**
[暇日 가일] 한가한 날
[休暇 휴가] 일정한 기간 동안 쉼

0328 立 설 립 | 立 | 총 5획 **6급**
[自立心 자립심] 스스로 서려는 마음가짐
[建立 건립] 건물, 기념비 등을 만들어 세움

0329 査 조사할 사 | 木 | 총 9획 **5급**
[審査 심사] 평가를 통해 등급, 당락을 결정함
[査察 사찰] 조사하고 살핌

0330 房 방 방 | 戶 | 총 8획 **4Ⅱ급**
[舍廊房 사랑방] 사랑채에 있는 방
[房門 방문] 방으로 드나드는 문

0331 讚 기릴 찬: | 言 | 총 26획 **4Ⅱ급**
[讚頌歌 찬송가] 대상을 찬미하는 노래
[稱讚 칭찬] 훌륭한 일을 높이 평가함

0332 頌 칭송할/기릴 송: | 頁 | 총 13획 **4급**
[稱頌 칭송] 칭찬해 일컬음
[頌歌 송가] 공덕을 기리는 노래

0333 謠 노래 요 | 言 | 총 17획 **4Ⅱ급**
[歌謠 가요] 동요, 유행가를 통틀어 이름
[童謠 동요] 어린이의 심리를 표현한 노래

먹을 불끈 쥐고 마지막 게임을 시작했다.

연속된 글자가 나와 당황한 나머지 끝말을 잇지 못한 한석이. 결국 한
석이는 재석이의 도시락을 받아 들고 울상을 지으며 벌칙을 제안했던 걸
크게 후회했다. 하지만 재석이도 한석이의 햄버거가 썩 마음에 드는 눈치
는 아니다. 호동이와 휘재는 껄껄 웃으며 두 사람을 위로했다.

0334 헤아릴 료(:) | 斗 | 총 10획 **5급**
料
[料理師 요리사] 요리를 전문으로 하는 사람
[料金 요금] 사용한 대가로 치르는 돈

0335 다스릴 리 | 玉 | 총 11획 **6급**
理
[理致 이치] 도리에 맞는 취지
[理解 이해] 사리를 분별하여 해석함

0336 지을 제: | 衣 | 총 14획 **4Ⅱ급**
製
[私製 사제] 개인이 사사로이 만듦
[製作 제작] 새로운 물건을 만듦

0337 바 소: | 戶 | 총 8획 **7급**
所
[製鐵所 제철소] 철을 만드는 일을 하는 곳
[所屬 소속] 단체나 기관에 딸림

0338 들을 문(:) | 耳 | 총 14획 **6급**
聞
[所聞 소문] 사람들 입에 오르내리는 말
[風聞 풍문] 바람처럼 떠도는 소문

0339 종이 지 | 糸 | 총 10획 **7급**
紙
[門風紙 문풍지] 문 주변에 바른 종이
[白紙 백지] 아무 것도 적지 않은 종이

0340 지탱할 지 | 支 | 총 4획 **4Ⅱ급**
支
[支持 지지] 어떤 정책, 의견에 찬동함
[支拂 지불] 돈을 내어 줌

0341 가질 지 | 手 | 총 9획 **4급**
持
[維持 유지] 어떤 상태, 상황을 보존함
[持續 지속] 어떤 상태가 오래 계속됨

좌충우돌 4인방, 동물원에 가다

야외(野外)에서 모처럼 즐거운 식사 시간을 가졌던 4인방은, 주위를 깨끗이 정리하고 천천히 걸으며 형형색색(形形色色)의 새들이 자신(自身)의 아름다움을 마음껏 뽐내는 조류(鳥類) 우리 쪽으로 발걸음을 옮겼다.

우리 앞에 다다르자 평소 새들에게 별 관심이 없었던 호동이가 안내(案內) 푯말을 보고는 놀라며 말했다.

"어? 원앙? 우와! 이 새가 실제로 존재하는 줄은 오늘 처음 알았어. 지금껏 책(冊)에서만 봤거든."

그 모습을 본 한석이가 혀를 끌끌 차며 말했다.

"그럼 원앙이 무슨 봉황처럼 상상(想像) 속의 새라도 되는 줄 알았단 말이야? 자연 보호 차원에서 새한테 관심을 좀 가져. 쯧쯧."

재석이가 어깨를 으쓱하며 선생님처럼 말했다.

"원앙은 '백년해로(百年偕老)'의 대표적인 상징이지. 언제나 암수가 늘 함께 다니기로 유명하기 때문이야. 아마 몸집이 좀더 작고 화려한 게 수컷일 걸?"

　이 말을 들은 휘재가 조용히 재석의 어깨를 두드리며 얼굴 가득 웃음을 머금고 장난기 섞인 눈빛으로 말했다.

　"재석아, 푯말에 다 써 있는 거 슬쩍슬쩍 훔쳐 보면서 꼭 네가 아는 것처럼 말하느라 고생이 많구나. 연기하느라 힘들지? 킥킥킥."

　순간, 재석이의 얼굴이 단풍잎처럼 빨개졌다.

　"헤헤헤. 알고 있었냐?"

　휘재가 계속 말했다.

　"내가 너에게 부끄러움을 만회할 기회를 주마. 기왕(旣往) 말이 나왔으

니, **백년해로**(百年偕老)로 쿵쿵따를 해서 너의 재치(才致)를 마음껏 발

휘하는 것으로 이 사태를 수습하렴."

재석이에게는 마다할 이유(理由)가 없었다.

빨리 뭐라도 해서 호동이와 한석이의 매서운 눈초리를 피해야 했기 때

문이다.

재석, 휘재, 호동, 한석의 순서로 차례가 정해진 후 게임이 시작되었다.

百年偕老 백년해로

부부가 되어 한 평생 사이좋게 지내다 함께 늙음

0342 貨 재물 화: | 貝 | 총 11획 **4Ⅱ급**
[百貨店 백화점] 현대식 대규모 종합 소매점
[財貨 재화] 욕구를 충족시켜 주는 물건

0343 店 가게 점: | 广 | 총 8획 **5급**
[店鋪 점포] 물건을 늘어놓고 파는 곳
[支店 지점] 본점에서 갈라져 나온 점포

0344 領 거느릴 령 | 頁 | 총 14획 **5급**
[占領 점령] 적국 영토를 군사적 지배 하에 둠
[領土 영토] 국가의 통치권이 미치는 구역

0345 迎 맞을 영 | 辶 | 총 8획 **4급**
[迎賓館 영빈관] 손님맞이를 위해 지은 집
[歡迎 환영] 오는 사람을 반갑게 맞음

0346 觀 볼 관 | 見 | 총 25획 **5급**
[觀光 관광] 다른 지역의 문물을 구경함
[觀點 관점] 대상을 보고 생각 하는 태도

0347 廣 넓을 광: | 广 | 총 15획 **5급**
[廣範圍 광범위] 범위가 넓음
[廣場 광장] 많은 사람이 모일 수 있는 장소

0348 危 위태할 위 | 卩 | 총 6획 **4급**
[危急 위급] 몹시 위태롭고 급함
[危險 위험] 해로움이나 손실이 생길 우려

처음부터 게임이 쉽게 안 풀렸지만, 속임수에 대한 대가를 치르는 모양이라며 재석이는 별로 불만스러워 하지 않았다. 이어 두 번째 게임이 시작되었다.

뜻밖에도 한석이가 대답을 하지 못했다.

"아까, 재석이가 허풍(虛風)을 떨던 게 생각나서 자꾸 웃겨."

0349 急 급할 급 | 心 | 총 9획 **6급**
[急降下 급강하] 아래를 향해 급히 내려감
[性急 성급] 성격이 급함

0350 降 내릴 강 / 항복할 항 | 阜 | 총 9획 **4급**
[降伏 항복] 상대편의 힘에 굴복함
[降等 강등] 직위의 등급, 계급이 낮아짐

0351 河 물 하 | 水 | 총 8획 **5급**
[河川 하천] 강, 시내 등을 아울러 이름
[山河 산하] 산과 하천

0352 川 내 천 | 巛 | 총 3획 **7급**
[川邊 천변] 냇물의 주변
[乾川 건천] 조금만 가물면 물이 마르는 내

0353 記 기록할 기 | 言 | 총 10획 **7급**
[年代記 연대기] 연대순으로 적은 기록
[記錄 기록] 후일에 남기려고 사실을 적음

0354 汽 물끓는김 기 | 水 | 총 7획 **5급**
[汽車 기차] 증기의 힘을 이용한 열차
[汽笛 기적] 증기를 내뿜을 때 나는 경적 소리

0355 次 버금 차 | 欠 | 총 6획 **4Ⅱ급**
[次順位 차순위] 다음 순위
[次席 차석] 수석에 다음가는 자리

0356 背 등 배: | 肉 | 총 9획 **4Ⅱ급**
[違背 위배] 약속 따위를 지키지 않고 어김
[背反 배반] 믿음, 의리를 저버리고 돌아섬

한석이가 짧게 변명을 하고는 세 번째 게임을 이어 나갔다.

"꿍스~ 꿍스꿍스~ 쿵쿵따리~ 쿵쿵따~ 쿵쿵따리~ 쿵쿵따!"
해행(偕行) 쿵쿵따 **행사장**(行事場) 쿵쿵따 **장단**(長短) 쿵쿵따
단오절(端午節) 쿵쿵따 **절반**(折半) 쿵쿵따 **반사광**(反射光) 쿵쿵따
광맥(鑛脈) 쿵쿵따 맥주……병 쿵쿵따!

호동이가 '맥주병'이란 단어를 급히 떠올렸으나 이미 때는 늦었다. 호동이는 아쉬운 마음으로 마지막 게임을 시작했다.

0357 陣 진칠 진 | 阜 | 총 10획 **4급** [背水陣 배수진] 더는 물러설 수 없음 [敵陣 적진] 적이 모여 있는 진지, 진영	**0361 場** 마당 장 | 土 | 총 12획 **7급** [行事場 행사장] 행사를 진행하는 장소 [場所 장소] 어떤 일이 일어나는 곳
0358 珍 보배 진 | 玉 | 총 9획 **4급** [珍珠 진주] 조개의 체내에서 생겨난 보석 [珍貴 진귀] 보배롭고 귀함	**0362 短** 짧을 단(:) | 矢 | 총 12획 **6급** [長短 장단] 길고 짧음 [短期間 단기간] 짧은 기간
0359 州 고을 주 | 巛 | 총 6획 **5급** [州政府 주정부] 주의 행정을 총괄하는 조직 [光州 광주] 우리 나라의 광역시 중 하나	**0363 端** 끝 단 | 立 | 총 14획 **4Ⅱ급** [端午節 단오절] 단오를 명절로 이르는 말 [極端 극단] 더 나아갈 데가 없는 지경
0360 行 다닐 행(:) / 항렬 항(:) | 行 | 총 6획 **6급** [偕行 해행] 여럿이 잇따라 줄지어 감 [行動 행동] 몸을 움직여 동작을 취함	**0364 午** 낮 오: | 十 | 총 4획 **7급** [午寢 오침] 낮잠. '오침 시간' [下午 하오] 오후

호동이가 실수하기를 은근히 바랐던 한석이는 그것에만 정신이 팔려서 자신의 차례가 돌아온 줄도 모르고 허둥대다가 시간을 놓쳐 버리고 말았다.

이로써 이번 게임은 한석이의 2패로 끝이 났다.

재석이는 그나마 1패라도 한 것을 다행이라고 여기며 조용히 가슴을 쓸어 내렸다.

0365 半 반 반: | 十 | 총 5획 6급
[折半 절반] 하나를 반으로 가름
[半島 반도] 삼면이 바다로 둘러싸인 땅

0366 光 빛 광 | 儿 | 총 6획 6급
[反射光 반사광] 거울 등에 의해 반사된 빛
[光復 광복] 빼앗긴 주권을 도로 찾음

0367 脈 줄기 맥 | 肉 | 총 10획 4Ⅱ급
[鑛脈 광맥] 쇳줄. '광맥을 발견하다'
[文脈 문맥] 글에 표현된 의미의 앞뒤 연결

0368 老 늙을 로: | 老 | 총 6획 7급
[老人亭 노인정] 노인들이 쉴 수 있는 건물
[老齡 노령] 늙은 나이

0369 誠 정성 성 | 言 | 총 14획 4Ⅱ급
[精誠 정성] 온 힘을 다하려는 성실한 마음
[誠金 성금] 정성으로 내는 돈

0370 病 병 병 | 疒 | 총 10획 6급
[成人病 성인병] 중년 이후에 문제되는 병
[疾病 질병] 몸의 온갖 병

0371 患 근심 환: | 心 | 총 11획 5급
[病患 병환] '병(病)'의 높임말
[患者 환자] 병들어 치료 받아야 할 사람

0372 歡 기쁠 환 | 欠 | 총 22획 4급
[歡呼聲 환호성] 기뻐서 크게 부르짖는 소리
[歡待 환대] 반갑게 맞아 후하게 대접함

평소에는 쉽게 접(接)할 수 없는 신기한 동물(動物)들을 보면서 속절없이 시간(時間)이 빠르게 흐르는 걸 아쉬워한 한석이가 잠시 군것질을 하려고 멈춰 선 매점(賣店) 앞에서 힘없이 말했다.

"왜 꼭 재미있는 것만 하면 시간이 빨리 흐르지? 이런 날은 하루가 48시간쯤 됐으면 소원(所願)이 없겠다."

재석이가 휘재에 이어 말했다.

"네가 그렇게 말하니까 문득 '호사다마(好事多魔)'란 고사성어(故事成語)가 떠오르는구나. 좋은 일에는 항상 방해가 되는 게 많다는 말이 맞는 것 같기는 해."

"얘들아, 그런데 왜 휘재가 안 보이냐?"

호동이가 주위를 두리번거리며 물었다.

그러고 보니, 지금껏 잘 따라오는 줄로만 알았던 휘재의 모습이 보이지를 않았다. 호동, 재석, 한석이는 간식거리를 사다 말고 기다려도 오지 않는 휘재를 찾아 나서기로 했다.

잠시 후, 세 명은 엉뚱한 곳에서 휘재를 발견했다. 얼핏 보기에 사슴처

럼 생긴 동물 하나가 사육사의 손에 이끌려 조용히 걷고 있는 그 뒤를 휘재가 졸졸 따라가고 있었던 것이다.

"야! 이휘재!" 세 명이 동시(同時)에 소리를 쳤지만, 휘재는 놀라는 기색(氣色) 하나 없이 종종 걸음으로 다가와 이야기를 늘어 놓기 시작했다.

"저기, 저 동물 이름이 라마(Lama)래. 얼핏 보기에는 사슴처럼 보이는데, 자세히 보면 머리는 낙타같고, 발 모양은 꼭 소처럼 생긴 거 있지? 사육사 아저씨께 여쭈어 보니까 사슴이 아니라 낙타라더라. 신기하지 않아?"

호동이가 휘재의 말을 가로막았다.

"그렇게 좋은 정보(情報)를 주는 것도 좋지만, 네가 길 잃은 줄 알고 우리가 얼마나 걱정했는지 알아? 어디를 가려면 말을 하고 가야 할 거 아냐. 재석이가 말한 **호사다마**(好事多魔)의 '마(魔)'가 이제 보니 딱 너를 두고 하는 말이었어. 으이그, 철 좀 들어라.”

휘재가 멋쩍은 듯 웃으며 말했다. “내가 뭐 세 살 먹은 어린아인가? 아무튼 걱정시킨 건 미안해. 그런 의미에서 호사다마로 쿵쿵따나 한판?”

호동, 재석, 한석이는 휘재의 넉살에 어이가 없었지만 내킨 김에 쿵쿵따 게임으로 기분을 전환하는 것도 나쁘지는 않겠다고 생각했다. 호동, 휘재, 재석, 한석의 순으로 차례가 정해졌다.

“꿍스~ 꿍스꿍스~ 쿵쿵따리~ 쿵쿵따~ 쿵쿵따리~ 쿵쿵따!”
호기심(好奇心) 쿵쿵따 심장(心腸) 쿵쿵따 장학금(奬學金) 쿵쿵따
금고(金庫) 쿵쿵따 고기압(高氣壓) 쿵쿵따 압박(壓迫) 쿵쿵따
박물관(博物館) 쿵쿵따……

好事多魔 호사다마

좋은 일에는 흔히 방해되는 일이 많음

0373 奇 기특할/기이할 기 | 大 | 총 8획 **4급**
[好奇心 호기심] 신기한 것을 알고 싶은 마음
[奇特 기특] 신기하고 대견함

0374 腸 창자 장 | 肉 | 총 13획 **4급**
[心腸 심장] 마음의 속내
[腸炎 장염] 창자에 생기는 증

0375 奬 장려할 장: | 大 | 총 15획 **4급**
[奬學金 장학금] 학업을 장려하는 돈
[奬勵 장려] 좋은 일에 힘쓰도록 북돋아 줌

0376 庫 곳집 고 | 广 | 총 10획 **4급**
[金庫 금고] 안전하게 물건을 보관하는 궤
[倉庫 창고] 물건, 자재를 보관하는 건물

0377 高 높을 고 | 高 | 총 10획 **6급**
[高氣壓 고기압] 주위보다 기압이 높은 영역
[高低 고저] 높낮이. ‘음의 고저’

0378 壓 누를 압 | 土 | 총 17획 **4Ⅱ급**
[壓迫 압박] 강한 힘으로 내리누름
[水壓 수압] 물의 압력

0379 博 넓을 박 | 十 | 총 12획 **4Ⅱ급**
[博物館 박물관] 유물을 전시하는 시설
[博愛 박애] 모든 사람을 평등하게 사랑함

"벌칙을 받을 사람은 휘재인데, 왜 내가 첫 판부터 대답을 못했지?"

한석이가 휘재를 흘겨보며 말했다.

두 번째 게임이 이어졌다.

"꿍스~ 꿍스꿍스~ 쿵쿵따리~ 쿵쿵따~ 쿵쿵따리~ 쿵쿵따!"
사무원(事務員) 쿵쿵따 원천(源泉) 쿵쿵따 천공기(穿孔機) 쿵쿵따
기표(記票) 쿵쿵따 표준어(標準語) 쿵쿵따 어촌(漁村) 쿵쿵따…….

한석이의 눈흘김에 움찔한 휘재가 머뭇거리다가 기회를 놓쳤다. 세 번째 게임이 이어졌다.

0380 員	인원 원 | 口 | 총 10획 **4Ⅱ급** [事務員 사무원] 사무를 보는 직원 [人員 인원] 단체를 이루고 있는 사람들
0381 源	근원 원 | 水 | 총 13획 **4급** [源泉 원천] 물이 흘러 나오는 근원 [資源 자원] 생산에 이용되는 원료
0382 泉	샘 천 | 水 | 총 9획 **4급** [鑛泉 광천] 광물질을 함유하고 있는 샘 [溫泉 온천] 더운 물이 솟아 나오는 샘
0383 孔	구멍 공: | 子 | 총 4획 **4급** [穿孔機 천공기] 구멍을 뚫는 기계 [孔雀 공작] 꿩과의 새. '화려한 공작의 날개'
0384 票	표 표 | 示 | 총 11획 **4Ⅱ급** [記票 기표] 투표 용지에 표시를 함 [票決 표결] 투표를 하여 결정함
0385 標	표할 표 | 木 | 총 15획 **4급** [標準語 표준어] 공용어로 쓰는 규범 언어 [標示 표시] 표를 해 외부에 드러내 보임
0386 準	준할 준: | 水 | 총 13획 **4Ⅱ급** [準則 준칙] 기준이 되는 규칙이나 법칙 [準備 준비] 미리 마련하여 갖춤
0387 漁	고기잡을 어 | 水 | 총 14획 **5급** [漁村 어촌] 어민들이 모여 사는 마을 [漁網 어망] 물고기를 잡는 데 쓰는 그물

"꿍스~ 꿍스꿍스~ 쿵쿵따리~ 쿵쿵따~ 쿵쿵따리~ 쿵쿵따!"

다량(多量) 쿵쿵따 **양모피**(羊毛皮) 쿵쿵따 **피곤**(疲困) 쿵쿵따

곤룡포(袞龍袍) 쿵쿵따 **포장**(包藏) 쿵쿵따 장발장 쿵쿵따…….

"하하하. 재석아, 장발장은 소설 속 주인공이잖니."

머리를 긁적이는 재석이. 웃음꽃이 피는 네 번째 게임!

"꿍스~ 꿍스꿍스~ 쿵쿵따리~ 쿵쿵따~ 쿵쿵따리~ 쿵쿵따!"

마술사(魔術師) 쿵쿵따 **사건**(事件) 쿵쿵따 **건축물**(建築物) 쿵쿵따

물가(物價) 쿵쿵따 **가결안**(可決案) 쿵쿵따 **안경**(眼鏡) 쿵쿵따

경사도(傾斜度) 쿵쿵따 도시락!

0388 헤아릴 량 | 里 | 총 12획　**5급**

量
[多量 다량] 많은 분량
[容量 용량] 들어갈 수 있는 분량

0389 양 양 | 羊 | 총 6획　**4Ⅱ급**

羊
[羊毛皮 양모피] 양의 털가죽
[羊腸 양장] '꼬불꼬불하고 험한 길'을 비유

0390 터럭 모 | 毛 | 총 4획　**4Ⅱ급**

毛
[毛髮 모발] 사람의 머리털
[毛根 모근] 털이 피부에 박힌 부분

0391 피곤할 피 | 疒 | 총 10획　**4급**

疲
[疲困 피곤] 몸, 마음이 지치고 고달픔
[疲勞 피로] 과로로 정신이나 몸이 지친 상태

0392 용 룡 | 龍 | 총 16획　**4급**

龍
[袞龍袍 곤룡포] 임금이 입던 정복
[龍虎 용호] 용과 호랑이 같이 실력이 비슷함

0393 쌀 포(:) | 勹 | 총 5획　**4Ⅱ급**

包
[包裝 포장] 물건을 싸거나 꾸림
[包容 포용] 너그럽게 감싸 주고 받아들임

0394 재주 술 | 行 | 총 11획　**6급**

術
[魔術師 마술사] 마술을 전문으로 하는 사람
[術數 술수] 일을 꾸미는 꾀나 방법

0395 사건/물건 건 | 人 | 총 6획　**5급**

件
[事件 사건] 사회적으로 주목 받을 일
[要件 요건] 필요한 조건

휘재가 자신 있게 외쳤지만 도시락은 한자어가 아니다. 또한 두 글자 단어를 말해야 할 차례였기 때문에 휘재만 2패가 되었다.

웃고 즐기며 하루를 알차게 보낸 쿵쿵따 4인방은 아쉽지만 다음을 기약하며 귀가(歸家)를 위해 지하철(地下鐵) 역(驛)으로 바삐 움직여야만 했다.

집으로 돌아가는 길에도 모처럼의 좋은 경험(經驗)을 가슴 속 깊이 간직하기 위해 저마다 인상(印象) 깊었던 부분(部分)에 대해서 이야기를 나누며 또 다른 즐거움을 맛볼 수 있었다.

0396 建 세울 건: | 廴 | 총 9획 **5급**
[建築物 건축물] 지붕, 기둥, 벽이 있는 건물
[建國 건국] 나라를 세움

0397 築 쌓을 축 | 竹 | 총 16획 **4Ⅱ급**
[築造 축조] 쌓아서 만듦. '성곽의 축조'
[增築 증축] 늘려 지음. '건물 증축''

0398 價 값 가 | 人 | 총 15획 **5급**
[物價 물가] 물건의 값
[價值 가치] 사물이 지니고 있는 쓸모

0399 決 결단할 결 | 水 | 총 7획 **5급**
[可決案 가결안] 회의에 통과된 의안
[決心 결심] 마음을 굳게 정함

0400 眼 눈 안: | 目 | 총 11획 **4Ⅱ급**
[眼鏡 안경] 잘 보기 위해 눈에 쓰는 물건
[眼目 안목] 사물을 보고 분별하는 식견

0401 鏡 거울 경: | 金 | 총 19획 **4급**
[鏡臺 경대] 화장대. 거울에 부착된 가구
[水鏡 수경] 물안경

0402 傾 기울 경: | 人 | 총 13획 **4급**
[傾斜度 경사도] 기울어진 정도
[傾聽 경청] 귀를 기울여 들음

0403 度 법도 도: / 헤아릴 탁 | 广 | 총 9획 **6급**
[法度 법도] 생활상의 예법과 제도
[度支部 탁지부] 대한제국의 재정 관련 관청

부수(部首)란 자전(옥편)에서 한자를 찾을 때, 기준이 되는 부분을 말한다. 부수는 본래 한자를 질서 있게 배열하기 위하여 각 글자의 공통된 부분을 취합한 기본자(基本字)이다. 부수는 보통 글자의 대략적인 뜻이나 음을 나타내며 한자의 짜임에 중요한 구실을 한다.
오늘날 부수는 1획부터 17획까지 총 214개가 사용되고 있다. 전체 214개를 앞에서 배운 육서(六書)로 분류해 보면 형상을 본뜬 '상형자'가 149자, 추상적 상징인 '지사자'가 17자, 의미끼리의 결합인 '회의자'가 21자, 의미와 발음의 결합인 '형성자'가 27자이다.
부수는 오랜 세월 동안 변천해 왔기 때문에 분류하기 어렵거나 정확한 의미 전달이 곤란한 자들이 적지 않다. 또한 '忄(心)'이나 '灬(火)'와 같이 동일한 부수가 위치에 따라 변하는 경우도 있다.

◑ 부수의 명칭과 위치

한자의 모양을 보면, 부수는 항상 한 글자의 형태 안에서 일정한 위치를 차지하고 있다. 위치에 따라 부수의 명칭은 다음과 같이 구분된다.

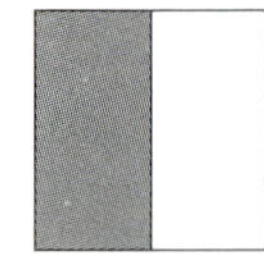

변(邊) **부수가 왼쪽에 위치할 때**

亻/人(사람 인)	仁(인) 信(신) 先(선)
扌/手(손 수)	打(타) 指(지) 授(수)
言(말씀 언)	記(기) 語(어) 訓(훈)

방(傍) **부수가 오른쪽에 위치할 때**

刂/刀(칼 도)	別(별) 利(이) 制(제)
阝/邑(우부방 읍)	部(부) 郎(랑) 都(도)
頁(머리 혈)	頭(두) 順(순) 顯(현)

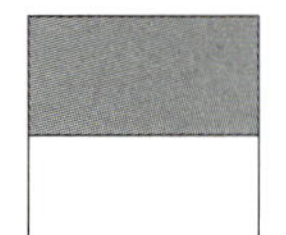

머리 **부수가 위쪽에 놓여 있을 때**

宀(집 면)	家(가) 安(안) 守(수)
++/艸(풀 초)	花(화) 苦(고) 英(영)
竹(대나무 죽)	筆(필) 答(답) 笑(소)

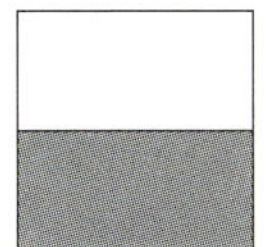 **발** 부수가 아래쪽에 놓여 있을 때

灬/火(불 화)　　然(연) 無(무) 熟(숙)
心(마음 심)　　忠(충) 思(사) 意(의)
皿(그릇 명)　　孟(맹) 盛(성) 益(익)

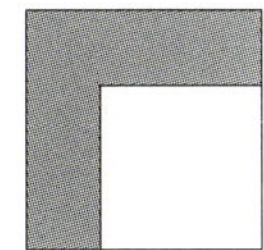 **엄** 부수가 위와 왼쪽 부분을 싸고 있을 때

广(집 엄)　　度(도) 序(서) 廣(광)
尸(주검 시)　　展(전) 居(거) 尺(척)
虍(범 호)　　虎(호) 虛(허) 處(처)

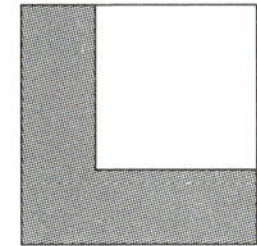 **받침** 부수가 왼쪽과 아래 부분을 싸고 있을 때

辶/辵(쉬엄쉬엄 갈 착)　　道(도) 近(근) 達(달)
走(달릴 주)　　起(기) 越(월) 赴(부)
廴(길게 걸을 인)　　建(건) 延(연) 廷(정)

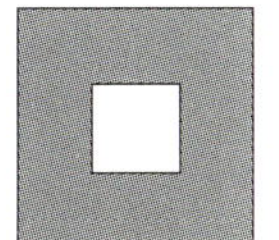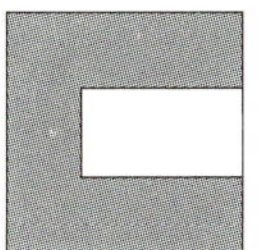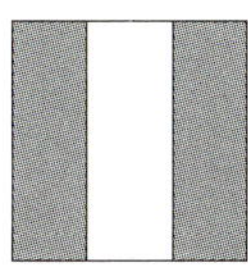

몸 부수가 둘레를 감싸고 있을 때

囗(큰입구몸 위)　　國(국) 圍(위) 困(곤)
門(문 문)　　問(문) 聞(문) 閑(한)
匚(상자 방)　　區(구) 匠(장)

 **제부수** 부수 자체가 한 글자일 때

月(월) 火(화) 水(수) 木(목) 金(금) 土(토) 日(일)
龍(룡) 馬(마) 龜(구) 鳥(조) 犬(견)
目(목) 鼻(비) 耳(이) 口(구) 手(수) 足(족)

부수 한눈에 보기

1획

一 한 일
丨 뚫을 곤
丶 점 주
丿 삐칠 별
乙 새 을
亅 갈고리 궐

2획

二 두 이
亠 돼지해머리 두
人(亻) 사람 인
儿 어진사람 인
入 들 입
八 여덟 팔
冂 멀 경
冖 덮을 멱
冫 어름 빙
几 안석 궤
凵 입벌릴 감
刀(刂) 칼 도
力 힘 력
勹 쌀 포
匕 비수 비
匚 상자 방
匸 감출 혜
十 열 십
卜 점 복
卩(㔾) 병부 절
厂 언덕 한
厶 사사 사

3획

又 또 우

口 입 구
囗 나라 국
土 흙 토
士 선비 사
夂 뒤쳐올 치
夊 천천히 걸을 쇠
夕 저녁 석
大 큰 대
女 계집 녀
子 아들 자
宀 집 면
寸 마디 촌
小 작을 소
尢(尣) 절름발이 왕
尸 주검 시
屮/屯 왼손 좌/싹날 철
山 메(뫼) 산
工 장인 공
己 몸 기
巾 수건 건
干 방패 간
幺 작을 요
广 집 엄
廴 끌 인
廾 팔짱낄 공
弋 주살 익
弓 활 궁
彐(彑) 돼지머리 계
彡 터럭 삼

彳 자축거릴 척
犭 개 견(犬)
阝(右) 우부방 읍(邑)
阝(左) 좌부방 부(阜)

4획

心(忄) 마음 심
   (심방 변)
戈 창 과
戶 지게 호
手(扌) 손 수
支(攵) 칠 복
文 글월 문
斗 말 두
斤 도끼 근
方 모 방
旡 없을 무
日 날 일
曰 가로 왈
月 달 월
木 나무 목
欠 하품 흠
止 그칠 지
歹 살발린뼈 알
殳 창 수
毋 말 무
比 견줄 비
毛 털 모
氏 각시 씨
气 기운 기·빌 걸(乞)
水(氵) 물 수(삼수 변)
火(灬) 불 화

爪(爫) 손톱 조
父 아비 부
爻 점괘 효
爿 나무조각 장
片 조각 편
牙 어금니 아
牛 소 우

5획

玉 구슬 옥
玄 검을 현
瓜 외(오이·참외) 과
瓦 기와 와
甘 달 감
生 날 생
用 쓸 용
田 밭 전
疋 필 필·발 소
疒 병들어기댈 녁
癶 어그러질 발
白 흰 백
皮 가죽 피
皿 그릇 명
目 눈 목
矛 창 모
矢 화살 시
石 돌 석
示(礻) 보일 시
内 짐승발자국 유
禾 벼 화
穴 구멍 혈
立 설 립

6획

竹　대 죽
米　쌀 미
糸　실 사
缶　장군 부
网(罒)　그물 망
羊　양 양
羽　깃 우
老　늙을 로
而　말이을 이
耒　쟁기 뢰
耳　귀 이
聿　오직 율
肉(月)고기 육(육달 월)
臣　신하 신
自　스스로 자
至　이를 지
臼　절구 구
舌　혀 설
舛　어그러질 천
舟　배 주
艮　괘이름 간
色　빛 색
艸(艹)풀 초
虍　범 호
虫　벌레 충
血　피 혈
行　다닐 행
衣(衤)옷 의
襾　덮을 아

7획

見　볼 견
角　뿔 각
言　말씀 언
谷　골 곡
豆　콩 두
豕　돼지 시
豸　발없는벌레 치
貝　조개 패
赤　붉을 적
走　달아날 주
足　발 족
身　몸 신
車　수레 거
辛　매울 신
辰　별 신
辵(辶)쉬엄쉬엄갈 착
邑(阝)고을 읍
酉　닭 유
釆　분별할 변
里　마을 리

8획

金　쇠 금
長　길 장
門　문 문
阜(阝)언덕 부
隶　미칠 대/ 밑 이
隹　새 추
雨　비 우
靑　푸를 청

非　아닐 비

9획

面　낯 면
革　가죽 혁
韋　가죽 위
韭　부추 구
音　소리 음
頁　머리 혈
風　바람 풍
飛　날 비
食　밥 식
首　머리 수
香　향기 향

10획

馬　말 마
骨　뼈 골
高　높을 고
髟　긴털드리울 표
鬥　싸울 투
鬯　울창주 창
鬲　다리굽은솥 력
鬼　귀신 귀

11획

魚　물고기 어
鳥　새 조
鹵　소금밭 로
鹿　사슴 록

麥　보리 맥
麻　삼 마

12획

黃　누를 황
黍　기장 서
黑　검을 흑
黹　바느질할 치

13획

黽　맹꽁이 맹
鼎　솥 정
鼓　북 고
鼠　쥐 서

14획

鼻　코 비
齊　가지런할 제

15획

齒　이 치

16획

龍　용 룡
龜　거북 구(귀)

17획

龠　피리 약

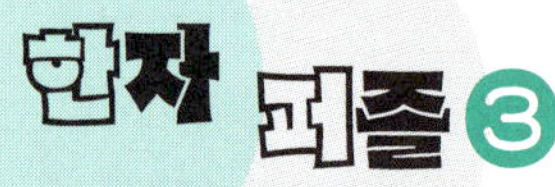

한자 퍼즐 ❸

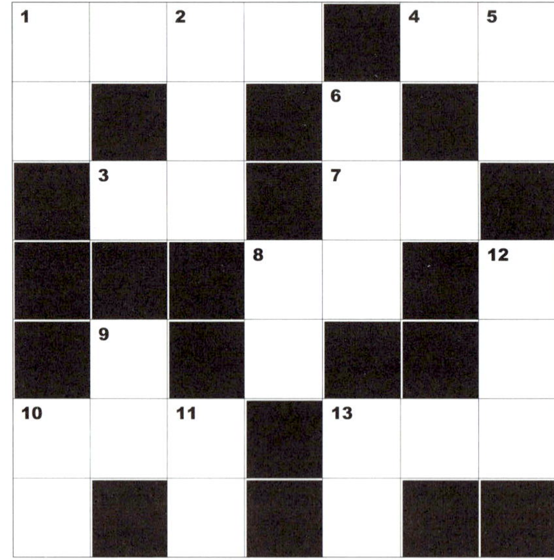

가로 열쇠

1 백 번 쏘아 백 번 맞힘. '○○○○의 명사수.'
3 본 점에서 갈라져 나온 점포.
4 군대에서 복무하는 사람.
7 물건의 값, 상품이나 서비스의 가치. "○○가 너무 올랐다."
8 어떤 목적을 위해 비밀리에 만남.
10 남에게 의지하지 않고 스스로 서려는 마음가짐.
13 생각하고 궁리하는 힘.

세로 열쇠

1 나라의 근본을 이루는 일반 국민을 예스럽게 이르는 말.
2 대규모의 현대식 종합 소매점.
5 언어와 사고를 할 줄 알고 사회를 이루며 사는 지구상의 고등 동물.
6 물체가 반원 모양을 그리며 날아가는 선.
8 손님을 맞아서 시중을 듦.
9 건물, 기념비, 동상, 탑 따위를 만들어 세움.
10 범인 스스로 자기의 범죄 사실을 신고하고, 그 처분을 구하는 일.
11 마음과 몸. "○○이 피곤하다."
12 글을 짓는 능력.
13 애틋하게 생각하고 그리워함. '○○하는 마음.'

정답은 245쪽

4

쿵쿵따 4인방의
즐거운 성탄절

❶ 콩콩달 4인방의 즐거운 성탄절

"**야,** 명동성당(明洞聖堂)이다!"

4인방이 모처럼 시내(市內) 나들이에 나섰다.

"거리마다 오고 가는 많은 사람들이 웃으며 기다리던 크리스마스……."

한석이가 크리스마스 캐롤을 흥얼댔다.

휘재와 호동이도 박자에 맞춰 고개를 끄덕이고 있는데 우스꽝스러운 귀마개를 한 재석이만 사오정처럼 생뚱맞은 표정으로 주위를 두리번거린다.

문득 자선냄비를 발견(發見)한 호동이가 물었다.

"얘들아, 왜 자선 '냄비'라고 하는지 알아?"

모두들 고개를 갸우뚱한다.

"백(百) 년 전쯤에 미국(美國)의 캘리포니아 주 오클랜드에서 있었던 일인데, 천(千) 명 정도의 가난한 사람들이 먹을 게 없어서

슬픈 성탄절을 맞게 되었대.”

호동이는 청산유수(靑山流水)처럼 말을 이어나갔고 모두들 귀를 기울였다.

“그 때, 구세군(救世軍)의 한 사관(士官)이 큰 냄비를 거리에 내놓고는 ‘이 냄비를 끓게 합시다’라고 써 붙인 거야. 그리고 얼마 지나지 않아 불우한 이웃들에게 따뜻한 식사(食事)를 제공할 만큼의 정성 어린 기금(基金)이 마련된 거지.”

“오호! 그래서 사람들이 ‘구세군 냄비’에 따뜻한 성금(誠金)을 넣어 가난한 사람들을 돕게 된 거군!”

“그렇지!” 한석이의 말에 호동이가 무릎을 치며 대답했다.

“아니, 그런데 형! 그런 걸 어떻게 안 거야?“

“비밀!” 호동이가 의기양양(意氣揚揚)하게 말했다.

“잘난 척하려고 밤새 외운 걸 거야. 흥!” 심술궂은 재석이의 한 마디.

하지만 못 들은 척 흐뭇한 호동이가 말했다.

“얘들아, 우리도 성금 내자.”

“그래, 그러자!” 네 친구는 주머니를 털어 보았지만 얼마 되지 않는다.

“아, 좋은 생각이 떠올랐어.” 모두 한석이를 쳐다보았다.

“우리, 오늘 성탄절 카드를 사기로 했잖아? 그냥 그 돈으로 성금을 내는 게 어떨까?”

“그래도 카드는 사야 하잖아.” 휘재가 아쉬운 표정으로 말했다.

“대신 카드는 만드는 거야. 우리 손으로 직접(直接)!”

“야! 그거 좋은 생각이다!”

모처럼 의견 일치를 본 네 친구는 기쁜 마음으로 성금을 내고 돌아섰다.

“성탄절이 며칠 안 남았는데 카드를 직접 우리 손으로 만들려면 시간이 촉박(促迫)하겠어. 우리 쿵쿵따 게임 한번 하고 빨리 집에 가서 카드를 만들자.”

캐롤송이 은은하게 울려·퍼지는 거리에서 쿵쿵따 게임을 하는 네 친구. 제시어(提示語)는 **청산유수**(靑山流水)이고 휘재, 호동, 한석, 재석의 순서.

靑山流水 청산유수

푸른 산에 맑은 물. 유창한 말솜씨를 비유적으로 이름

0404 靑 푸를 청 | 靑 | 총 8획 **8급**
[靑銅器 청동기] 청동으로 만든 그릇, 기구
[靑春 청춘] 인생의 젊은 나이, 시절

0405 銅 구리 동 | 金 | 총 14획 **4Ⅱ급**
[銅版 동판] 구리로 만든 판
[靑銅 청동] 구리와 주석의 합금

0406 基 터 기 | 土 | 총 11획 **5급**
[基本 기본] 사물, 현상 등의 기초와 근본
[基礎 기초] 사물의 기본이 되는 토대

0407 本 근본 본 | 木 | 총 5획 **6급**
[本家宅 본가댁] ‘본가’를 높여 부르는 말
[根本 근본] 사물의 본질이나 본바탕

0408 宅 집 댁/택 | 宀 | 총 6획 **5급**
[住宅 주택] 사람이 살 수 있게 지은 건물
[宅地 택지] 집을 지을 땅

0409 配 나눌/짝 배: | 酉 | 총 10획 **4Ⅱ급**
[宅配 택배] 물건을 원하는 장소로 배달함
[配分 배분] 몫몫이 별러 나눔

0410 給 줄 급 | 糸 | 총 12획 **5급**
[配給制 배급제] 물품을 배급하는 제도
[給與 급여] 돈이나 물품 따위를 줌

"야! '왕복권'이 무슨 한자어야!"

재석이가 갸웃거리며 이의(異意)를 제기하자, 한결같이 외친다.

"한자어 맞어!"

머쓱해진 재석이부터 다시 시작.

"어! '민중'이 뭐야?"

재석이는 휘재가 말한 '민중'이 무슨 뜻인지 정녕 모르는 듯했다.

0411 帝 임금 제: | 巾 | 총 9획 [4급]
[帝王 제왕] 황제와 국왕을 아울러 이름
[帝國 제국] 황제가 다스리는 나라

0412 王 임금 왕 | 玉 | 총 4획 [8급]
[王子 왕자] 임금의 아들
[王座 왕좌] 임금이 앉는 자리. 또는 지위

0413 往 갈 왕: | 彳 | 총 8획 [4Ⅱ급]
[往復券 왕복권] 왕복할 수 있는 표
[往來 왕래] 가고 오고 함

0414 復 회복할 복/다시 부: | 彳 | 총 12획 [4Ⅱ급]
[回復 회복] 원래의 상태를 되찾음
[復元 복원] 원래대로 회복함

0415 山 메 산 | 山 | 총 3획 [8급]
[山神靈 산신령] 산을 지키고 다스리는 신
[山勢 산세] 산이 생긴 모양

0416 神 귀신 신 | 示 | 총 10획 [6급]
[地神 지신] 땅을 다스리는 신령
[神技 신기] 매우 뛰어난 기술이나 재주

0417 映 비칠 영(:) | 日 | 총 9획 [4급]
[映畵 영화] 극장에서 '영화'를 보다
[映彩 영채] 환하게 빛나는 고운 빛깔

0418 田 밭 전 | 田 | 총 5획 [4Ⅱ급]
[火田民 화전민] 화전을 일구는 사람
[田畓 전답] 밭과 논

"신문 좀 읽어라, 재석아. '민중'
이란 하나의 나라를 구성하는 일반
국민들을 의미하는 거야."

휘재를 존경스러운 눈초리로 바
라보는 재석이부터 다시 시작!

"꿍스~ 꿍스꿍스~ 쿵쿵따리~ 쿵쿵따~ 쿵쿵따리~ 쿵쿵따!"
유통량(流通量) 쿵쿵따 양가(兩家) 쿵쿵따 가창법(歌唱法) 쿵쿵따
법제(法制) 쿵쿵따 제헌절(制憲節) 쿵쿵따 절단(切斷) 쿵쿵따
단발령(斷髮令) 쿵쿵따 영어(英語) 쿵쿵따 어스름 쿵쿵따…….

0419 衆	무리 중: ㅣ 血 ㅣ 총 12획 4Ⅱ급 [民衆 민중] 국가, 사회를 구성하는 일반 국민 [衆意 중의] 뭇사람들의 의견	
0420 流	흐를 류 ㅣ 水 ㅣ 총 9획 5급 [流通量 유통량] 유통되는 양 [急流 급류] 빠른 속도로 흐르는 물	
0421 兩	두 량: ㅣ 入 ㅣ 총 8획 4Ⅱ급 [兩家 양가] 양편의 집 [兩便 양편] 상대가 되는 두 편	
0422 唱	부를 창: ㅣ 口 ㅣ 총 11획 5급 [歌唱法 가창법] 노래를 부르는 방법과 기술 [先唱 선창] 노래나 구령 등을 맨 먼저 부름	

0423 制	절제할 제: ㅣ 刀 ㅣ 총 8획 4Ⅱ급 [法制 법제] 법률과 제도 [制度 제도] 사회 구조의 체계
0424 憲	법 헌: ㅣ 心 ㅣ 총 16획 4급 [制憲節 제헌절] 헌법을 제정한 기념일 [憲章 헌장] 약속 이행을 위해 정한 규범
0425 節	마디 절 ㅣ 竹 ㅣ 총 15획 5급 [名節 명절] 해마다 즐기거나 기념하는 날 [時節 시절] 일정한 시기나 때
0426 切	끊을 절 / 온통 체 ㅣ 刀 ㅣ 총 4획 5급 [切斷 절단] 자르거나 베어서 끊음 [切取 절취] 잘라 냄. '절취선'

"어! 어스름은 한자어가 아니지, 하하하!"

얼렁뚱땅 넘어가려던 재석이가 또 다시 눈치 빠른 휘재에게 들키고.

"으음, 광이라니, 너무 치사해!"

한석이의 공격(攻擊)에 벌칙이 두려운 재석이가 홱 돌아서 줄행랑을 치

고, 나머지 세 친구는 경쾌한 캐롤을 합창하며 발걸음을 옮겼다.

0427 斷 끊을 단: | 斤 | 총 18획 **4Ⅱ급**
[斷髮令 단발령] 머리를 짧게 깎도록 한 명령
[斷絶 단절] 유대나 연관 관계를 끊음

0428 髮 터럭 발 | 髟 | 총 15획 **4급**
[理髮 이발] 머리털을 깎아 다듬음
[頭髮 두발] 머리털

0429 英 꽃부리 영 | 艸 | 총 9획 **6급**
[英語 영어] 영국, 미국 등의 모국어
[英雄 영웅] 지혜, 용맹이 아주 뛰어난 사람

0430 曜 빛날 요: | 日 | 총 18획 **5급**
[水曜日 수요일] 한 주의 셋째 날
[曜日 요일] 일 주일의 각 날을 이르는 말

0431 連 이을 련 | 辶 | 총 11획 **4Ⅱ급**
[一連 일련] 하나로 이어지는 것
[連續 연속] 끊이지 않고 죽 이어짐

0432 煙 연기 연 | 火 | 총 13획 **4Ⅱ급**
[煙幕彈 연막탄] 터지면 연기를 내뿜는 폭탄
[煤煙 매연] 그을음이 섞인 연기

0433 炭 숯 탄: | 火 | 총 9획 **5급**
[炭鑛 탄광] 석탄을 캐내는 광산
[石炭 석탄] 연료, 화공 재료로 쓰이는 광물

0434 鑛 쇳돌 광: | 金 | 총 23획 **4급**
[鑛山 광산] 광물을 캐내는 곳
[鑛業 광업] 광물을 채굴, 제련하는 산업

콩콩탐 4인방의 즐거운 성탄절

각자(各字) 종이와 풀과 색연필과 여러 가지 카드 재료(材料)를 들고 휘재네 집에 모였다.

그러나 왠지 시작부터 만만치 않아 보였다.

누구 누구에게 카드를 보내야 하는지 목록(目錄)을 만드는 일부터 카드를 봉투에 맞게 자르고 예쁘게 꾸미는 일까지 쉬운 일이 하나도 없는 것이다.

재석이와 한석이는 가위로 '챙챙'거리며 칼싸움 흉내를 내고 있고, 휘재도 난처한 표정으로 멍하니 앉아 있다. 그런데 정말 뜻밖에도 호동이는 멋진 솜씨로 카드를 꾸미고 있다.

"와, 멋지네. 형, 어디서 배운 거야?"

호동이의 세련되고 날렵한 솜씨에 감탄하는 세 친구.

"너희들은 잘 모르겠지만 부전자전(父傳子傳)이라는 말이 있지. 이게 다 손 재주 좋으신 아빠를 닮은 덕분(德分)이야. 부럽지? 하하."

결국(結局) 내키지 않지만 호동이에게서 카드 꾸미는 방법(方法)을 배우게 된 세 친구. 그런데 재석이는 여전히 입을 삐죽거린다.

호동이가 색종이로 카드에 붙일 예쁜 꽃을 순식간에 만들어 내자 덩치에 안 어울린다는 둥, 돼지 발에 진주(珍珠) 목걸이라는 둥 궁시렁대기 시작했다. 그도 그럴 것이 재석이의 손에서 태어난 카드는 왠지 조금씩 찌그러지거나 무엇인가 모자란 모양이었다.

어쨌든 서로 티격태격 하면서도 그럭저럭 카드를 만들었고, 휘재 어머니께서 맛있는 과일과 음료수(飲料水)도 내오셨다.

"자, 이제 정성스러운 마음을 담아 카드를 쓰기 시작하자."

한석이가 말을 마치자 재석이는 자신이 만든 카드 중 가장 못난 것을 손에 들었다.

"호동이 형, 이게, 형에게 줄 카드야."

"그래? 미안하지만 난 너에게 줄 카드는 없는데?"

호동이도 지지 않고 말했다.

그런 호동이와 재석이를 바라보며 킥킥대던 휘재가 말했다.

"우리, 크리스마스 이브에 만나서 서로 카드를 주고받는 것이 어때?"

"좋긴 좋은데, 그럼 재석이에게는 연락하지 말기로 하자. 히히."

호동이가 계속 짓궂게 놀리자 재석이는 완전(完全)히 토라진 모습이다.

"자, 이제 장난은 그만두고 뭔가 뜻깊은 일을 계획해 보자."

"그래, 음……. 각자 선물을 준비해서 카드와 함께 교환하는 게 어떨까?"

휘재와 한석이의 진지한 제안에 호동이와 재석이도 고개를 끄덕인다.

"잠깐!" 재석이가 갑자기 손을 들고 외쳤다.

살짝 호동이에게 눈을 흘기며 말을 잇는 재석이.

"우리, 쿵쿵따 게임으로 카드 뺏어오기, 어때?"

호동이는 반대했지만 세 친구가 계속해서 조르자 별 수 없다는 듯 전의(戰意)를 다진다.

제시어(提示語)는 **부전자전**(父傳子傳). 재석, 호동, 휘재, 한석의 순서

父傳子傳 부전자전

아버지가 아들에게 대대로 전함

0435 아비 부 | 父 | 총 4획 [8급]

父
[父母 부모] 아버지와 어머니
[繼父 계부] 의붓아버지

0436 어미 모: | 母 | 총 5획 [8급]

母
[母情 모정] 자식에 대한 어머니의 정
[母胎 모태] '발생 근거가 되는 토대'를 비유

0437 사랑 애: | 心 | 총 13획 [6급]

愛
[母性愛 모성애] 자식에 대한 어머니의 사랑
[愛憎 애증] 사랑과 미움

0438 개 견 | 犬 | 총 4획 [4급]

犬
[愛犬 애견] 개를 귀여워함
[忠犬 충견] 견공 주인에게 충성스러운 개

0439 볼 견: / 뵈올 현: | 見 | 총 7획 [5급]

見
[見本品 견본품] 본보기로 쓰는 상품
[謁見 알현] 지체가 높은 사람을 찾아가 뵘

0440 의논할 의 | 言 | 총 20획 [4Ⅱ급]

議
[稟議 품의] 웃어른에게 말, 글로 여쭈어 봄
[議論 의논] 어떤 일에 대해 의견을 주고받음

0441 의심할 의 | 疋 | 총 14획 [4급]

疑
[疑懼心 의구심] 믿지 못하고 두려운 마음
[疑惑 의혹] 의심하여 수상히 여김

(順序)다.

말을 잇지 못한 호동이의 얼굴이 파랗게 질렸다.

애써 만든 카드를 빼앗기게 생겼으니 그럴 만도 하다.

"'력'이 뭐가 어렵다고 그래? '역'으로 하면 되지. '역전승(逆轉勝)' 있네. 메롱." 오늘 따라 더 얄미운 재석이.

0442 問	물을 문: | 口 | 총 11획 **7급** [審問 심문] 자세히 따져서 물음 [問題 문제] 해답을 요구하는 물음	**0446** 稱	일컬을 칭 | 禾 | 총 14획 **4급** [言必稱 언필칭] 말을 할 때마다 반드시 [稱號 칭호] 어떠한 뜻으로 일컫는 이름

0442 問 — 물을 문: | 口 | 총 11획 **7급**
[審問 심문] 자세히 따져서 물음
[問題 문제] 해답을 요구하는 물음

0443 束 — 묶을 속 | 木 | 총 7획 **5급**
[門團束 문단속] 문을 잘 닫아 잠그는 일
[束縛 속박] 강압적으로 얽어매거나 제한함

0444 速 — 빠를 속 | 辵 | 총 11획 **6급**
[速力 속력] 속도의 크기 또는 힘
[速決 속결] 빨리 결정하거나 처리함

0445 言 — 말씀 언 | 言 | 총 7획 **6급**
[傳言 전언] 말을 전함
[言辭 언사] 말이나 말씨

0446 稱 — 일컬을 칭 | 禾 | 총 14획 **4급**
[言必稱 언필칭] 말을 할 때마다 반드시
[稱號 칭호] 어떠한 뜻으로 일컫는 이름

0447 號 — 이름 호: | 虍 | 총 13획 **6급**
[番號 번호] 차례를 알 수 있게 붙이는 숫자
[口號 구호] 주장을 간결하게 표현한 문구

0448 護 — 도울 호: | 言 | 총 21획 **4Ⅱ급**
[護身術 호신술] 몸을 보호하기 위한 무술
[保護 보호] 잘 보살펴 돌봄

0449 子 — 아들 자 | 子 | 총 3획 **7급**
[子女 자녀] 아들과 딸
[長子 장자] 맏아들

"꿍스~ 꿍스꿍스~ 쿵쿵따리~ 쿵쿵따~ 쿵쿵따리~ 쿵쿵따!"
전언(傳言) 쿵쿵따 **언필칭**(言必稱) 쿵쿵따 **칭호**(稱號) 쿵쿵따
호신술(護身術) 쿵쿵따…….

"술? 아니 이런!"

호동이가 벌떡 일어나 발을 구르며 소리를 질렀다. 또 다시 호동이부
터 시작.

"꿍스~ 꿍스꿍스~ 쿵쿵따리~ 쿵쿵따~ 쿵쿵따리~ 쿵쿵따!"
자녀(子女) 쿵쿵따 **여삼추**(如三秋) 쿵쿵따 **추진**(推進) 쿵쿵따
진보당(進步黨) 쿵쿵따…….

0450 女	여자 **녀** │ 女 │ 총 3획 **8급** [女子 여자] 여성으로 태어난 사람 [獨女 독녀] 남자 형제가 없는 외동딸
0451 如	같을 **여** │ 女 │ 총 6획 **4Ⅱ급** [如三秋 여삼추] 애타게 기다리는 마음 [如或 여혹] 만일
0452 秋	가을 **추** │ 禾 │ 총 9획 **7급** [秋夕 추석] 음력 팔월 보름날의 명절 [晚秋 만추] 늦가을
0453 推	밀 **추** │ 手 │ 총 11획 **4급** [推進 추진] 목표를 향해 밀고 나아감 [推薦 추천] 적합한 대상을 소개함

0454 進	나아갈 **진:** │ 辶 │ 총 12획 **4Ⅱ급** [進步黨 진보당] 진보 정책을 내세우는 정당 [前進 전진] 앞으로 나아감
0455 步	걸음 **보:** │ 止 │ 총 7획 **4Ⅱ급** [步行 보행] 걸어 다님 [讓步 양보] 남이 먼저 하도록 미루어 줌
0456 黨	무리 **당** │ 黑 │ 총 20획 **4Ⅱ급** [黨權 당권] 당의 주도권 [黨首 당수] 정당의 우두머리
0457 道	길/말할 **도** │ 辶 │ 총 13획 **7급** [傳道師 전도사] 기독교 교직의 하나 [國道 국도] 나라에서 직접 관리하는 도로

이번에도 역시 말을 잇지 못한 호동이. 번번이 재석이의 공격에 무릎을 꿇게 되자 갑자기 재석이의 멱살을 쥐고 흔들며 괴성을 질렀다.

'혜'를 잇지 못한 한석이. 어쩌면 호동이가 흥분해서 또 실수를 할까 봐 일부러 그런 듯 싶었다.

결국 호동이는 카드를 세 장이나 내 놓았고, 별 수 없이 한석이와 휘재의 카드를 받아 챙겼지만 재석이의 카드는 거들떠보지도 않았다.

0458 亡 망할 망 | 亠 | 총 3획 **5급**
[死亡 사망] 사람이 죽음
[亡兆 망조] 망해 가는 징조

0459 望 바랄 망: | 月 | 총 11획 **5급**
[望遠鏡 망원경] 먼 곳을 볼 때 쓰는 기구
[希望 희망] 앞 일에 대한 기대

0460 遠 멀 원: | 辵 | 총 14획 **6급**
[遠景 원경] 멀리 보이는 경치
[遠距離 원거리] 먼 거리

0461 境 지경 경 | 土 | 총 14획 **4Ⅱ급**
[境界 경계] 기준에 의해 분간되는 한계
[環境 환경] 생물에게 영향을 주는 조건

0462 界 지경 계: | 田 | 총 9획 **6급**
[視界 시계] 시력이 미치는 범위
[世界 세계] 지구상의 모든 인류 사회

0463 季 계절 계: | 子 | 총 8획 **4급**
[季刊誌 계간지] 계절마다 발간하는 간행물
[季節 계절] 1년마다 되풀이되는 자연현상

0464 誌 기록할 지 | 言 | 총 14획 **4급**
[日誌 일지] 그날그날의 일을 적은 기록
[雜誌 잡지] 일정한 이름을 가진 정기간행물

0465 智 지혜/슬기 지 | 日 | 총 12획 **4급**
[智慧 지혜] 사리를 깨닫는 정신적 능력
[智將 지장] 지략이 뛰어난 장수

"**우**리, 정말 카드도 읽어 주고 촛불 의식(儀式)도 하고 선물도 교환하는 거야? 아이, 쑥스러워."

재석이가 킥킥대며 자꾸만 휘재에게 묻는다.

휘재는 아무렇지도 않은 듯 말했다.

"아기 예수가 태어났을 때 동방박사(東方博士) 세 사람이 찾아와서 황금(黃金), 유황(硫黃), 몰약(沒藥)을 선물했어. 그래서 크리스마스에는 사람들이 선물을 주고받는 게 풍습(風習)이 되었대. 정성이 담긴 작은 선물을 주고받는 게 뭐가 쑥스러워? 너는 무슨 선물 준비(準備)했어?"

재석이는 엉성하게 포장(包裝)한 선물을 겸연쩍게 내보이며 "장갑(掌匣)!" 하고 말했다.

그 때 막 도착한 호동과 한석. 추운 날씨 때문에 루돌프처럼 콧등이 빨갛다.

"야, 크리스마스 이브라서 그런지 거리에 사람들이 너무 많더라."

"그런 모습을 '인산인해(人山人海)'라고 하지." 손을 비비며 말하는 한석이.

"맞아. 이런 날에는 따뜻한 아랫목에 앉아 가족(家族)과 함께, 친구(親

舊)와 함께 보내는 게 최고(最高)야."

　말을 끝낸 호동이가 품에서 늘어 날대로 늘어난 양말을 하나 꺼내 벽쪽으로 다가간다.

　"형! 우하하하하!"

　재석이가 배꼽을 잡고 웃기 시작했다.

　"아니, 형! 산타 할아버지가 있다고 믿는 거야?"

　"그거 아빠 양말을 있는 대로 늘여 온 거지?"

　모두들 웃으며 호동이를 놀렸다.

　"웃거나 말거나. 난 이거 걸어 놓을 거야. 착한 일을 많이 했단 말이지."

　호동이 덕분(德分)에 한바탕 웃은 4인방이 옹기종기 둘러 앉았다.

　계속 킥킥대는 재석이를 무시한 채 촛불을 켜고 손수 만든 카드를 주고받은 후 드디어 선물 교환 시간. 모두 기대에 찬 얼굴이다.

　"선물을 한 군데 모아 놓고 쿵쿵따 게임을 해서 나누어 갖는 게 어때? 진 사람이 가장 마지막에 선물을 고르는 거지."

　모두 한석이의 의견(意見)에 동의(同意)했고, 제시어(提示語)는 **인산인해**(人山人海).

　한석, 재석, 호동, 휘재의 순서(順序)로 게임이 시작되었다.

> "꿍스~ 꿍스꿍스~ 쿵쿵따리~ 쿵쿵따~ 쿵쿵따리~ 쿵쿵따!"
> **인구수**(人口數) 쿵쿵따 **수수**(授受) 쿵쿵따 **수입품**(收入品) 쿵쿵따
> **품평**(品評) 쿵쿵따 **평균치**(平均值) 쿵쿵따 **치약**(齒藥) 쿵쿵따
> **약소국**(弱小國) 쿵쿵따……

　"에이! 뭐야, 처음부터!"

　초반부터 말문이 막힌 휘재.

人山人海 인산인해
사람이 수없이 많이 모인 상태

0466 數 셈 수: / 자주 삭 | 攴 | 총 15획 **7급**
[人口數 인구수] 일정 지역에 사는 사람 수
[數値 수치] 계산하여 얻은 값

0467 授 줄 수 | 手 | 총 11획 **4Ⅱ급**
[授受 수수] 물품을 주고받음
[授與 수여] 증서, 상장, 훈장 등을 줌

0468 受 받을 수(:) | 又 | 총 8획 **4Ⅱ급**
[受注 수주] 주문을 받음
[受信 수신] 우편, 전보 등의 통신을 받음

0469 收 거둘 수 | 攴 | 총 6획 **4Ⅱ급**
[收入品 수입품] 밖에서 거두어들인 물품
[秋收 추수] 가을에 익은 곡식을 거둠

0470 入 들 입 | 入 | 총 2획 **7급**
[入口 입구] 들어가는 통로
[入場 입장] 장소 안으로 들어감

0471 評 평할 평 | 言 | 총 12획 **4급**
[品評 품평] 물건, 작품의 좋고 나쁨을 평함
[評價 평가] 물건 값을 헤아려 매김

0472 平 평평할 평 | 干 | 총 5획 **7급**
[平均值 평균치] 평균값
[太平 태평] 나라가 안정되어 평안함

"꿍스~ 꿍스꿍스~ 쿵쿵따리~ 쿵쿵따~ 쿵쿵따리~ 쿵쿵따!"
산 **수도**(山水圖) 쿵쿵따 **도적**(盜賊) 쿵쿵따 **적대감**(敵對感) 쿵쿵따
감주(甘酒) 쿵쿵따…….

"헉, '감주'가 뭐야?"

당황한 기색이 역력한 휘재가 묻자 "'감주'는 단맛이 나는 우리 고유의 음료야." 호동이가 어른스럽게 대답했다. 그런 와중에도 재석이는 호동이의 선물에

0473	고를 **균** | 土 | 총 7획　4급
均	[均衡 균형] 치우치지 않은 고른 상태 [均等 균등] 고르고 가지런해 차별 없음
0474	이 **치** | 齒 | 총 15획　4Ⅱ급
齒	[齒藥 치약] 이를 닦는 데 쓰는 약 [蟲齒 충치] 이를 벌레가 파먹어 생긴 질환
0475	약할 **약** | 弓 | 총 10획　6급
弱	[弱小國 약소국] 힘이 약한 작은 나라 [弱骨 약골] 몸이 약한 사람
0476	작을 **소:** | 小 | 총 3획　8급
小	[小食 소식] 음식을 적게 먹음 [小型 소형] 같은 종류 가운데 작은 규격

0477	그림 **도** | 囗 | 총 14획　6급
圖	[山水圖 산수도] 산과 물이 어우러진 그림 [略圖 약도] 간략하게 그린 도면, 지도
0478	도적 **도** | 皿 | 총 12획　4급
盜	[盜賊 도적] 남의 물건을 훔치거나 빼앗음 [盜聽 도청] 남의 이야기를 몰래 엿들음
0479	도둑 **적** | 貝 | 총 13획　4급
賊	[火賊 화적] 불한당. 도적의 무리 [逆賊 역적] 나라나 임금을 반역한 사람
0480	대적할 **적** | 攴 | 총 15획　4급
敵	[敵對感 적대감] 적으로 여기는 감정 [敵軍 적군] 적의 군대나 군사

서 줄곧 눈을 떼지 않고 있다.

이미 게임을 포기한 듯 이번에도 역시 패배한 휘재.

"오잉? '자루'는 한자어가 아닌데? 하하."

너털웃음을 터뜨리는 호동이.

마지막에 선물을 가져갈 사람은 이제 휘재로 정해진 듯했다.

0481 甘 달 감 | 甘 | 5획 4급 [甘酒 감주] 단맛이 나는 고유의 음료 [甘草 감초] 뿌리에서 단맛이 나는 약재	**0485** 窮 궁할/다할 궁 | 穴 | 총 15획 4급 [窮狀 궁상] 어렵고 궁한 상태 [困窮 곤궁] 가난하여 살림이 구차함
0482 酒 술 주(:) | 酉 | 총 10획 4급 [酒黨 주당] 술을 즐기고 잘 마시는 무리 [酒酊 주정] 술에 취해 정신없이 행동함	**0486** 狀 형상 상 / 문서 장: | 犬 | 총 8획 4Ⅱ급 [狀況 상황] 일이 되어 가는 과정, 형편 [形狀 형상] 사물의 생긴 모양, 상태
0483 德 큰/덕 덕 | 彳 | 총 15획 5급 [人德 인덕] 다른 사람의 도움을 받는 복 [德望 덕망] 덕행으로 얻은 명망	**0487** 續 이을 속 | 糸 | 총 21획 4Ⅱ급 [相續者 상속자] 재산을 물려받는 사람 [繼續 계속] 끊이지 않고 이어 나감
0484 宮 집 궁 | 宀 | 총 10획 4Ⅱ급 [德壽宮 덕수궁] 조선 시대 궁궐의 하나 [宮闕 궁궐] 임금이 거처하는 집	**0488** 兵 병사 병 | 八 | 총 7획 5급 [海兵隊 해병대] 해군에 소속된 특수부대 [兵士 병사] 군사. 하사관 이하의 군인

휘재의 시무룩한 얼굴을 보며 계속 웃던 호동이가 그만 타이밍을 놓치고 말았다.

제일 먼저 냉큼 호동이의 선물을 고른 재석이의 입이 함박 벌어졌다.

한석이는 휘재가 준비한 필통을, 호동이는 재석이가 준비한 장갑을, 휘재는 한석이가 준비해 온 따뜻한 목도리를 골랐다. 그리고 재석이가 고른 호동이의 커다란 상자에는 뭐가 들어 있었을까? (정답 : 뻥튀기)

0489 隊 무리/떼 대 | 阝 | 총 12획 4Ⅱ급 [部隊 부대] 일정 규모로 편성된 군대 조직 [隊員 대원] 부대, 집단을 이루고 있는 사람	**0493 天** 하늘 천 | 大 | 총 4획 7급 [別天地 별천지] 세상 밖의 다른 세상 [天池 천지] 백두산 꼭대기에 있는 연못
0490 將 장수 장(:) | 寸 | 총 11획 4Ⅱ급 [大將 대장] 어떤 무리의 우두머리 [將帥 장수] 군사를 거느리는 우두머리	**0494 球** 공 구 | 玉 | 총 11획 6급 [地球 지구] 인류가 살고 있는 별 [球技 구기] 공을 사용하는 운동 경기
0491 離 떠날 리: | 隹 | 총 19획 4급 [長距離 장거리] 먼 거리 [離婚 이혼] 혼인 관계를 소멸시킴	**0495 九** 아홉 구 | 乙 | 총 2획 8급 [九九段 구구단] '구구법'의 일상어 [九天 구천] 가장 높은 하늘
0492 別 다를/나눌 별 | 刀 | 총 7획 6급 [離別 이별] 서로 갈리어 떨어짐 [別途 별도] 원래의 것에 덧붙여 추가한 것	**0496 段** 층계 단 | 殳 | 총 9획 4급 [階段 계단] 건물이나 비탈에 만든 층층대 [段階 단계] 차례를 따라 나아가는 과정

선물을 나누어 가진 4인방은 휘재 어머니가 내오신 다과(茶菓)를 즐기고 있는데, 성탄절 행사(行事) 내내 킥킥대던 재석이가 말문을 열었다.

"좀 쑥스럽긴 한데, 이렇게 성탄절을 보내니까 즐겁네. 흑흑, 비록 뻥튀기지만 선물도 받고. 날마다 성탄절이면 좋겠군!"

그러자 한석이가 말했다.

"이탈리아에서는 3주(週) 동안이나 성탄절 행사(行事)가 이어진대."

"우와!"

모두들 탄성(歎聲)을 질렀다.

"너희들 그거 알아? 네덜란드에서는 산타 할아버지가 루돌프가 아니라 흰말을 타고 온다고 믿기 때문에 홍당무를 준비해 놓는다더라."

휘재가 말하자 모두들 한바탕 웃었다.

"즐거운 성탄절을 영어(英語)로 뭐라고 하는지는 알지?"

한석이가 묻자 모두 큰 소리로 "메리 크리스마스(Merry Christmas)!"라고 외쳤다.

그러자 휘재가 말했다.

"나, 그거 3개 국어(國語)로 할 수 있어. 들어 볼래?"

갑자기 호동이가 펜을 꺼내 들고 메모할 준비를 했다.

"먼저, 스페인어. 잘 들어 봐. '벨리스 나비닷(Feliz Navidad)!' 그 다음 에 프랑스어로는 '조이유 노엘(Joyeux Noel).' 그리고……."

휘재가 기억(記憶)을 더듬는 동안 한석이가 끼여들었다.

"나도 하나 알아. 중국어(中國語)로는 셴탄 쿠와일러(Sheng Tan Kuailoh)!"

"오호! 내가 아는 나머지 하나는 엄청 어려운 건데, 바로 독일어야. 잘

들어봐. 프뢸리히 베인아크텐(Frohliche Weinachten)!"

"우와, 대단하다!"

입을 다물지 못하던 재석이가 '짝짝짝' 박수(拍手)를 쳤다.

"이런, 시간(時間)이 벌써 이렇게 되었네."

호동이가 시계(時計)를 보며 말했다.

"그만 자야 해. 산타 할아버지가 오셨다가 도로 가시겠다."

휘재가 웃으며 말했다.

"그래, 우리 **성탄절** (聖誕節)로 마무리 쿵쿵따 한번 하고 그

聖誕節 성탄절
예수의 탄생을 기념하는 기독교 명절

0497 聖 성인 **성**: | 耳 | 총 13획 [4Ⅱ급]
[聖經 성경] 종교의 최고 법전이 되는 책
[聖人 성인] 우러러 본받을 만한 사람

0498 經 지날/글 **경** | 糸 | 총 13획 [4Ⅱ급]
[經典 경전] 성현의 말이나 행실을 적은 책
[經過 경과] 시간이 지나감

0499 警 깨우칠 **경**: | 言 | 총 20획 [4Ⅱ급]
[警察署 경찰서] 경찰 사무를 맡아보는 관청
[警句 경구] 진리, 사상을 간결하게 표현한 말

0500 察 살필 **찰** | 宀 | 총 14획 [4Ⅱ급]
[伺察 사찰] 남의 행동을 몰래 살핌
[考察 고찰] 깊이 생각하고 연구함

0501 書 글 **서** | 日 | 총 10획 [6급]
[書冊 서책] 종이를 매어 글을 적은 물건
[書堂 서당] 옛날 글을 배우는 곳

0502 册 책 **책** | 冂 | 총 5획 [4급]
[册床補 책상보] 책상을 덮어씌우는 보
[册欌 책장] 책을 넣어 두는 장

0503 床 상 **상** | 广 | 총 7획 [4Ⅱ급]
[病床 병상] 병든 사람이 눕는 침상
[酒案床 주안상] 술과 안주를 차린 상

만 자자."

재석, 휘재, 한석, 호동의 순서로 마무리 쿵쿵따 게임이 시작되었다.

한석이가 그만 무거워지는 눈꺼풀의 힘을 이기지 못하고 깜빡 조는 바람에 말을 잇지 못했다. 다시 한석이부터 시작.

0504 지킬 보(:) | 人 | 총 9획　4Ⅱ급

保
[保守 보수] 보전하여 지킴
[保全 보전] 온전하게 보호해 유지함

0505 지킬 수 | 宀 | 총 6획　4Ⅱ급

守
[守城 수성] 적으로부터 성을 지킴
[守舊 수구] 옛 제도, 풍습을 그대로 따름

0506 닦을 수 | 人 | 총 10획　4Ⅱ급

修
[修道院 수도원] 수사, 수녀가 수행하는 곳
[修心 수심] 마음을 닦음

0507 원망할 원 | 心 | 총 9획　4급

怨
[怨恨 원한] 억울한 일로 응어리진 마음
[怨讐 원수] 원한 맺힌 사람이나 집단

0508 한 한: | 心 | 총 9획　4급

恨
[痛恨 통한] 몹시 원통함
[恨歎 한탄] 한숨을 쉬며 탄식함

0509 한할 한: | 阜 | 총 9획　4Ⅱ급

限
[限界線 한계선] 능력이 닿는 범위의 선
[限度 한도] 일정한 정도

0510 가릴 선: | 辵 | 총 16획　5급

選
[選擧 선거] 집단의 대표, 임원을 뽑는 일
[嚴選 엄선] 엄격, 공정하게 가려 뽑음

0511 들 거: | 手 | 18획　5급

擧
[擧兵 거병] 군사를 일으킴
[義擧 의거] 의로운 일을 도모함

"한석아."

호동이가 재석이를 조용하게 부른다.

"네가 이러고도 쿵쿵따 4인방이라고 할 수 있겠니? 춘향이라니! 춘향이가 한자어니? 오, 하느님! 이 어린 양을 부디 보살펴 주소서."

한석이는 눈을 반쯤 감고는 "그래? 졸려서 그래" 하며 너스레를 떨었다.

"자, 이제 마무리."

0512 갈 거: | ㅿ | 총 5획 | **5급**

去
[去來處 거래처] 돈, 물건을 계속 거래하는 곳
[去就 거취] 어디로 가거나 다니는 움직임

0513 올 래(:) | 人 | 총 8획 | **7급**

來
[往來 왕래] 오고 감
[未來 미래] 앞으로 올 때

0514 곳 처: | 虍 | 총 11획 | **4Ⅱ급**

處
[處所 처소] 기거하거나 임시로 머무는 곳
[近處 근처] 가까운 곳

0515 쇠북 종 | 金 | 총 20획 | **4급**

鐘
[誕日鐘 탄일종] 성탄절에 교회에서 치는 종
[鐘閣 종각] 큰 종을 달기 위해 지은 누각

0516 마칠 종 | 糸 | 총 11획 | **5급**

終
[終講 종강] 한 학기의 강의를 마침
[終了 종료] 행동이나 일을 끝마침

0517 욀/익힐 강 | 言 | 총 17획 | **4급**

講
[講演會 강연회] 강연을 하기 위한 모임
[講義 강의] 체계적으로 설명해 가르침

0518 펼 연: | 水 | 총 14획 | **4Ⅱ급**

演
[演士 연사] 연설하는 사람
[演習 연습] 실지처럼 하면서 익힘

0519 봄 춘 | 日 | 총 9획 | **7급**

春
[回春 회춘] 병에서 회복되어 건강을 되찾음
[春秋 춘추] 봄과 가을. '춘추복'

휘재가 박수를 치며 진행을 시작했다.

이불 속에 나란히 누워 도란도란 이야기하던 4인방, 어느 새 하나둘 까무룩 잠이 든다.

"고요한 밤, 거룩한 밤……." 새벽 찬송(讚頌)의 은은한 축복(祝福)이 호동이가 걸어 놓은 양말 위에 아름답게 비치고 있었다.

0520 減 덜 감: | 水 | 12획 | 4Ⅱ급
[節減 절감] 아끼어 줄임
[減少 감소] 양이나 수치가 줄어듦

0521 想 생각 상: | 心 | 총 13획 | 4Ⅱ급
[感想文 감상문] 대상에 대한 느낌을 쓴 글
[想像 상상] 마음 속으로 그려 봄

0522 徒 무리 도 | 彳 | 총 10획 | 4급
[門徒 문도] 이름난 학자에게 배우는 제자
[教徒 교도] 종교를 믿는 사람, 무리

0523 到 이를 도: | 刀 | 총 8획 | 5급
[到着地 도착지] 이르러 닿는 곳
[到達 도달] 목적한 곳이나 수준에 다다름

0524 友 벗 우: | 又 | 총 4획 | 5급
[知友 지우] 서로 마음이 통하는 친한 벗
[友情 우정] 친구 사이의 정

0525 郵 우편 우 | 邑 | 총 11획 | 4Ⅱ급
[郵遞局 우체국] 우편 업무를 보는 기관
[郵票 우표] 우편물에 붙이는 증표

0526 亂 어지러울 란: | 乙 | 총 13획 | 4급
[國亂 국란] 나라 안에서 일어난 난리
[亂離 난리] 전쟁이나 병란

0527 暴 사나울 폭 / 모질 포 | 日 | 총 15획 | 4Ⅱ급
[亂暴性 난폭성] 난폭한 성질
[暴惡 포악] 사납고 악함

어렴풋이 동이 터올 무렵, 누군가의 그림자가 4인방이 잠든 방(房)을 살금살금 돌아다녔다.

얼마 후(後), 가장 먼저 눈을 비비며 일어난 호동이가 기쁨에 찬 목소리로 모두의 단잠을 깨웠다.

"얘들아, 얘들아! 이것 좀 봐!"

"뭔데? 뭔데?"

호동이가 벽(壁)에 걸려 있던 양말을 들고 감격에 겨운 표정(表情)으로 말했다.

"지성(至誠)이면 감천(感天)이라고, 드디어 하늘이 내 착한 마음씨에 감동(感動)한 게 분명해!"

"뭐야? 산타 할아버지라도 다녀가신 거야?"

한석이와 휘재는 눈이 휘둥그레졌다. 그런데 재석이만 아직도 비몽사몽(非夢似夢) 이불 속에서 헤어날 줄 모른다.

호동이는 부랴부랴 양말 속에 들어 있던 상자의 포장을 풀었다.

그런데 아뿔싸! 상자가 텅 비어 있는 것이 아닌가!

“앗!”

호동이는 물론 한석이와 휘재도 어안이 벙벙한데, 바로 옆 이불 속에서 킬킬대는 재석이의 웃음 소리가 들렸다.

그랬다. 모두가 잠든 틈을 타 호동이의 양말 속에 빈 상자를 넣은 건 다름 아닌 재석이었던 것이다.

“야, 이번에는 장난이 좀 심했어.”

휘재가 재석이를 나무랐다.

호동이도 정말로 재석이에게 서운한 모양이다.

“형(兄), 미안. 진짜 미안해. 형이 진짜로 믿는지 몰랐어. 그냥 장난을 친 거야, 미안해…….”

한석이가 분위기를 살피며 말했다.

“우리, 성탄절(聖誕節) 아침인데 서로 기분 상해 있지 말고 성탄 예배(禮拜)를 드리러 가는 게 어때?”

“그래. 나도 성탄절에 교회(敎會)에 한번 가 보고 싶었어.”

독실한 신자인 한석이의 제안(提案)에 휘재가 맞 장 구 를 쳤다.

"난, 별로야……. 졸면 어떻게 해? 그리고 평상시(平常時)에는 교회에 다니지도 않고."

호동이가 망설이자 휘재가 말했다.

"성탄절이라 간식(間食)도 줄 걸?"

"야, 너희는 무슨 내가 간식 때문에 움직일 거라 생각하니? 자, 출발(出發). 야! 유재석, 빨리 일어나지 못해? "

호동이가 냉큼 나서며 말했다.

"교회에 들어가면 조용히 있어야 하잖아. 입이 근질거려서 참을 수 있겠어? 들어가기 전에 쿵쿵따 한판 어때?"

재석이의 제안(提案)에 모두 동의(同意)했다.

제시어는 **지성감천**(至誠感天)이고 휘재, 재석, 한석, 호동의 순서다.

至誠感天 지성감천

정성이 지극하여 하늘이 감동함

0528
이를 지 | 至 | 총 6획 **4Ⅱ급**

至
[至誠 지성] 지극한 정성
[至極 지극] 더할 나위 없음

0529
소리 성 | 耳 | 총 17획 **4Ⅱ급**

聲
[聲明書 성명서] 방침, 견해를 공표하는 글
[聲樂 성악] 사람의 음성으로 하는 음악

0530
밝을 명 | 日 | 총 8획 **6급**

明
[明暗 명암] 밝음과 어두움
[照明 조명] 빛으로 비추어 밝게 함

0531
차례 서: | 广 | 총 7획 **5급**

序
[序文 서문] 머리말
[順序 순서] 일이 이루어지는 차례

0532
글 장 | 立 | 총 11획 **6급**

章
[文章力 문장력] 글을 짓는 능력
[印章 인장] 도장. '인장을 찍다'

0533
거스를 역 | 辶 | 총 10획 **4Ⅱ급**

逆
[逆轉 역전] 형세가 뒤집혀짐
[逆謀 역모] 반역을 꾀함

0534
구를 전: | 車 | 총 18획 **4급**

轉
[轉換 전환] 다른 방향이나 상태로 바뀜
[轉出 전출] 딴 곳으로 이주하여 감

"아이고, 난 왜 '생'만 나오면 당황하는지 몰라." "늘 당황하지 뭐, '생'만 그러냐?" 호동이의 변명에 한석이가 짓궂게 응수한다.

0535 戰 싸움 전: | 戈 | 총 16획 6급 [戰鬪機 전투기] 공중전에 쓰이는 군용기 [抗戰 항전] 적에 대항하여 싸움	**0539 禁** 금할 금: | 示 | 총 13획 4Ⅱ급 [禁止線 금지선] 넘어서는 안 될 선 [禁斷 금단] 어떤 행위를 못하게 함
0536 鬪 싸움 투 | 鬥 | 총 20획 4급 [鬪犬 투견] 개끼리 싸움을 붙임 [爭鬪 쟁투] 서로 다투어 싸움	**0540 止** 그칠 지 | 止 | 총 4획 5급 [停止 정지] 움직이고 있던 것이 멎음 [沮止 저지] 막아서 못하게 함
0537 寄 부칠 기 | 宀 | 총 11획 4급 [寄生 기생] 다른 것 의지해 생활함 [寄贈 기증] 남에게 물품을 거저 줌	**0541 鮮** 고울 선 | 魚 | 총 17획 5급 [鮮明 선명] 산뜻하고 뚜렷함 [新鮮 신선] 싱싱함. '신선한 야채'
0538 金 쇠 금 / 성씨 김 | 金 | 총 8획 8급 [誠金 성금] 정성으로 내는 돈 [金塊 금괴] 금덩이	**0542 令** 하여금 령(:) | 人 | 총 5획 5급 [命令調 명령조] 명령하듯 하는 말투 [法令 법령] 법률과 명령

"누구도 쿵쿵따의 법칙(法則)을 거스를 수는 없다. '조교(助敎)님'에서
'님'은 한자가 아니지. 하하."

　호동이가 큰 소리로 지적하자 깜짝 놀란 휘재가 눈을 깜빡거리며 다시
게임을 시작했다.

"율? 아이고!"

　한석이가 좀처럼 안 풀린다는 듯 자신의 이마를 툭툭 친다.

0543 早 이를 조: | 日 | 총 6획 **4Ⅱ급**
[早朝 조조] 이른 아침. '조조 할인'
[早産 조산] 해산달 전에 아이를 낳음

0544 朝 아침 조 | 月 | 총 12획 **6급**
[朝刊 조간] 아침에 간행된 신문. '조간 신문'
[朝餐 조찬] 손님을 초대한 아침 식사

0545 助 도울 조: | 力 | 총 7획 **4Ⅱ급**
[助敎授 조교수] 대학교수 직위의 하나
[助役 조역] 일을 도와줌

0546 應 응할 응: | 心 | 총 17획 **4Ⅱ급**
[感應 감응] 느낌을 받아 마음이 움직임
[應接 응접] 손님을 맞아들여 접대함

0547 接 이을 접 | 手 | 총 11획 **4Ⅱ급**
[接待 접대] 손님을 맞아서 시중을 듦
[接線 접선] 목적을 위해 비밀리 만남

0548 施 베풀 시: | 方 | 총 9획 **4Ⅱ급**
[實施 실시] 실제로 시행함
[施惠 시혜] 은혜를 베풂

0549 試 시험 시(:) | 言 | 총 13획 **4Ⅱ급**
[試驗紙 시험지] 시험 문제가 쓰인 종이
[考試 고시] 공무원 임용 자격시험

0550 驗 시험할 험: | 馬 | 총 23획 **4Ⅱ급**
[經驗 경험] 실제로 해 보거나 겪어 봄
[體驗 체험] 자기가 몸소 겪음

"자, 이제 마지막!"

"송……."

머뭇거리는 한석이에게 재빨리 "송신(送信)"이라고 작게 말해 주는 재석이.

호동이는 결국 재석의 얄미운 행동을 참지 못하고 꿀밤을 먹였다.

0551 志 뜻 지 | 心 | 총 7획 **4Ⅱ급**
[志願 지원] 일이나 조직에 끼이길 바람
[意志 의지] 어떤 일을 이루고자 하는 마음

0552 願 원할 원: | 頁 | 총 19획 **5급**
[希願 희원] 희망. 어떤 기대를 가지고 바람
[自願 자원] 스스로 하고자 하여 나섬

0553 圓 둥글 원 | □ | 총 13획 **4Ⅱ급**
[圓周率 원주율] 원둘레와 지름의 비
[圓卓 원탁] 둥근 탁자. '원탁 회의'

0554 下 아래 하: | 一 | 총 3획 **7급**
[天下 천하] 온 세상. '천하 통일'
[下向 하향] 아래로 향함

0555 宿 잘 숙 / 별자리 수: | 宀 | 총 11획 **5급**
[下宿村 하숙촌] 하숙집이 몰려 있는 동네
[宿食 숙식] 자고 먹음

0556 村 마을 촌: | 木 | 총 7획 **7급**
[村落 촌락] 여러 집이 모여 사는 마을
[村夫 촌부] 시골에 사는 남자

0557 落 떨어질 락 | 艹 | 총 13획 **5급**
[落葉松 낙엽송] 소나뭇과의 낙엽 침엽 교목
[當落 당락] 당선과 낙선

0558 葉 잎 엽 | 艹 | 총 13획 **5급**
[葉茶 엽차] 잎을 따서 만든 차
[葉書 엽서] 규격을 한정한 편지 용지

경건한 마음으로 성탄 예배를 마치고 교회를 나서는 네 친구의 머리 위로 함박눈이 내리기 시작했다.

"와, 화이트 크리스마스!"

눈송이를 두 손으로 받으며 감격에 겨운 듯 한석이가 말했다.

"나는 함박눈이 좋아. 왜냐 하면 제일 잘 뭉쳐지기 때문이지!"

한석이가 눈송이를 손으로 뭉쳐 장난스럽게 재석이를 향해 던졌다.

"아야! 너, 김한석!"

재석이 또한 이에 질세라 눈을 뭉쳐 한석이에게 던졌다.

한편, '뽀드득 뽀드득' 소리를 내며 조용히 눈 위를 걷고 있는 휘재를 호동이가 부른다.

"야, 넌 뭐하는 거야?"

"응? 아, 아무도 안 밟은 곳을 제일 먼저 밟는 거야. 나는 눈을 밟을 때 나는 소리가 제일 좋아."

호동이도 이내 휘재를 따라 아직 사람들이 밟지 않은 곳들을 디뎌 보고 있는데 갑자기 날아온 눈덩이.

"윽!" 외마디 소리를 지른 호동이가 뒤를 돌아 보니 다름 아닌 재석이와 한석이가 메롱, 혀를 내밀고 있다.

재석이와 한석이는 이미 눈덩이를 잔뜩 뭉쳐서 눈싸움을 할 준비(準備)를 마친 상태(狀態).

휘재와 호동이도 부랴부랴 눈을 뭉치기 시작했다. 곧 이어 한바탕 눈싸움이 시작되었다.

처음에는 눈을 많이 뭉쳐 놓은 재석이와 한석이 팀이 유리(有利)했지만 시간(時間)이 지날수록 빠른 속도(速度)로 눈을 뭉치는 휘재와, 무지막지(無知莫知)한 속도로 집어던지는 호동이의 공격에 점점 대세(大勢)는 역전(力戰)되어 가고 있었다. 진퇴양난(進退兩難)에 빠진 재석이와 한석이는 결국 그 기세(氣勢)를 버티지 못하고 백기(白旗)를 들고 말았다.

흠뻑 젖고 만 네 친구. 특히 한석이와 재석이는 완전히 눈에 젖은 생쥐 모양(模樣)이다.

"야, 우리 이제 그만 집에 가서 따뜻하게 샤워하고 옷 갈아입자. 이러다가 감기 걸리겠어."

휘재가 옷을 툭툭 털며 말했다.

네 친구는 휘재의 의견에 따라 마지막으로 쿵쿵따 게임을 한번 하고 헤어지기로 했다.

제시어는 **진퇴양난**(進退兩難). 휘재, 한석, 재석, 호동의 순서다.

進退兩難 진퇴양난

이러지도 저러지도 못하는 어려운 처지

0559

就 나아갈 취 | 尢 | 총 12획 [4급]
[進就 진취] 일을 차차 이루어 감
[就職 취직] 직업을 구해 직장에 나감

0560

稅 세금 세: | 禾 | 총 12획 [4Ⅱ급]
[取得稅 취득세] 재산 취득에 따른 세금
[稅金 세금] 조세로서 징수하는 돈

0561

細 가늘 세: | 糸 | 총 11획 [4Ⅱ급]
[細部 세부] 자세한 부분. '세부 사항'
[微細 미세] 아주 작음

0562

興 일 흥(:) | 臼 | 총 16획 [4Ⅱ급]
[復興會 부흥회] 기독교의 예배 모임
[興亡 흥망] 잘되어 일어남과 못되어 망함

0563

答 대답 답 | 竹 | 총 12획 [7급]
[回答 회답] 물음이나 편지에 반응함
[對答 대답] 상대가 묻는 말에 답함

0564

豊 풍년 풍 | 豆 | 총 13획 [4Ⅱ급]
[大豊 대풍] 대풍년. '농사가 대풍이다'
[豊富 풍부] 넉넉하고 많다

0565

向 향할 향: | 口 | 총 6획 [6급]
[風向計 풍향계] 풍향을 관측하는 계기
[向方 향방] 향해 나가는 방향

“앗!”

휘재도 자신의 실수(失手)를 눈치 챈 모양이다.

“휘재야, 알지? 개천은 한자어가 아니라고, 더구나 이번에는 ‘계’로 시작해야 했고.”

“알아! 알아!”

호동이의 지적이 얄미운 듯 휘재가 퉁명스럽게 대꾸했다.

0566 **勤**	부지런할 근(:) | 力 | 총 13획 **4급** [退勤 퇴근] 근무를 마치고 돌아감 [勤勞 근로] 부지런히 일함	0570 **豫**	미리 예: | 豕 | 총 16획 **4급** [豫測 예측] 미리 헤아려 짐작함 [豫告 예고] 미리 알림
0567 **勉**	힘쓸 면: | 力 | 총 9획 **4급** [勤勉性 근면성] 부지런한 품성 [勉學 면학] 학문에 힘씀	0571 **測**	헤아릴 측 | 水 | 총 12획 **4Ⅱ급** [推測 추측] 미루어 생각함 [臆測 억측] 이유나 근거 없이 짐작함
0568 **隱**	숨을 은 | 阜 | 총 17획 **4급** [隱匿犯 은닉범] 죄를 숨겨서 생기는 범죄 [隱居 은거] 세상을 피해 숨어서 삶	0572 **親**	친할 친 | 見 | 총 16획 **6급** [兩親 양친] 부친과 모친 [親睦會 친목회] 친목을 도모하는 모임
0569 **範**	법/모범 범 | 竹 | 총 15획 **4급** [範例 범례] 예시해 모범으로 삼는 것 [模範 모범] 본받아 배울 만한 대상	0573 **甲**	갑옷/천간 갑 | 甲 | 5획 **4급** [回甲 회갑] 예순한 살을 이르는 말 [掌甲 장갑] ‘손이 시려 장갑을 끼다’

"아차, 세 글자였지. 아이고!"

이제 와서 후회한들 무슨 소용(所用)이 있을까?

안타까워하는 한석이.

재석이는 휘재가 '우등상'이라고 말했을 때 한석이가 막힐 것이라고 생각했는지, '반'이 나오자 당황한 나머지 그만 말을 잇지 못했다. 고소한

0574 뼈 골 | 骨 | 총 10획 **4급** 骨 [甲骨文 갑골문] 중국 고대의 상형문자 [皮骨 피골] 살가죽과 뼈	**0578** 돌아올/돌이킬 반: | 又 | 총 4획 **6급** 反 [相反 상반] 서로 반대되거나 어긋남 [反美 반미] 미국에 반대함
0575 집 호: | 戶 | 총 4획 **4Ⅱ급** 戶 [門戶 문호] 외부와 교류하기 위한 수단 [家戶 가호] 집이나 가구를 세는 단위	**0579** 즈음/가 제: | 阜 | 총 14획 **4Ⅱ급** 際 [國際港 국제항] 국제적으로 이용되는 항구 [交際 교제] 서로 사귀어 가까이 지냄
0576 지킬 위 | 行 | 총 16획 **4Ⅱ급** 衛 [護衛隊 호위대] 호위를 맡은 부대 [衛兵 위병] 경비, 순찰 임무를 맡은 병사	**0580** 항구 항: | 水 | 총 12획 **4Ⅱ급** 港 [港口 항구] 배가 드나들도록 만든 시설 [漁港 어항] 어업에 편의시설을 갖춘 항구
0577 넉넉할 우 | 人 | 총 17획 **4급** 優 [優等賞 우등상] 우등한 사람에게 주는 상 [優秀 우수] 여럿 가운데 뛰어남	**0581** 겨룰 항 | 手 | 총 7획 **4급** 抗 [抗拒 항거] 순종하지 않고 맞서 반항함 [抗議 항의] 반대의 뜻을 주장함

표정의 호동이.

머쓱한 얼굴로 마지막 게임에 선두 주자가 된 재석이.

호동이의 투덜댐을 끝으로 집으로 향하는 친구들의 머리 위로 또 다시
함박눈이 소복소복 내리고 있었다.

0582 拒 막을 거: | 手 | 8획 | 4급
[拒絶 거절] 상대편의 요구, 제안을 물리침
[拒逆 거역] 윗사람의 뜻을 거스름

0583 巨 클 거: | 工 | 5획 | 4급
[巨人像 거인상] 거인 그림이나 조각
[巨大 거대] 엄청나게 큼

0584 京 서울 경 | 亠 | 총 8획 | 6급
[上京 상경] 지방에서 서울로 올라옴
[京鄕 경향] 서울과 시골

0585 慶 경사 경: | 心 | 총 15획 | 4Ⅱ급
[慶祝辭 경축사] 축하 모임의 인사말
[慶事 경사] 축하할 만한 기쁜 일

0586 使 하여금/부릴 사: | 人 | 총 8획 | 6급
[使臣 사신] 외국 사절로 가는 신하
[使徒 사도] 거룩한 일에 헌신하는 사람

0587 臣 신하 신 | 臣 | 총 6획 | 5급
[臣下 신하] 임금을 섬기어 벼슬하는 사람
[奸臣 간신] 간사한 신하

0588 申 알릴/납 신 | 田 | 총 5획 | 4Ⅱ급
[申請書 신청서] 요청을 나타내는 문서
[申告 신고] 관청에 일정한 사실을 진술함

0589 籍 문서 적 | 竹 | 총 20획 | 4급
[書籍 서적] 여러 가지 책
[國籍 국적] 한 나라의 구성원이 될 자격

◐ 뜻이 비슷한 한자 – 유의어(類義語)

覺(깨달을 각) : 悟(깨달을 오) 　　中(가운데 중) : 央(가운데 앙)
間(사이 간) : 隔(사이 뜰 격) 　　倉(곳집 창) : 庫(곳집 고)
康(편안할 강) : 健(굳셀 건) 　　牽(끌 견) : 引(끌 인)
淸(맑을 청) : 潔(깨끗할 결) 　　淸(맑을 청) : 淨(깨끗할 정)
淨(깨끗할 정) : 潔(깨끗할 결) 　　恭(공손할 공) : 敬(공경할 경)
層(층 층) : 階(섬돌 계) 　　恒(항상 항) : 常(항상 상)
皇(임금 황) : 帝(임금 제) 　　滅(멸망할 멸) : 亡(망할 망)
扶(도울 부) : 助(도울 조) 　　釋(풀 석) : 放(놓을 방)
洗(씻을 세) : 濯(씻을 탁) 　　怨(원망할 원) : 恨(한할 한)
隆(클 융) : 盛(성할 성) 　　慈(사랑할 자) : 愛(사랑 애)
俊(준걸 준) : 傑(뛰어날 걸) 　　俊(준걸 준) : 秀(빼어날 수)

◑ 뜻이 반대인 한자 – 반의어(反意語)

慶(경사 경) : 弔(조상할 조) 　　勤(부지런할 근) : 怠(게으를 태)
旦(아침 단) : 夕(저녁 석) 　　美(아름다울 미) : 醜(추할 추)
夫(지아비 부) : 妻(아내 처) 　　昇(오를 승) : 降(내릴 강)
盛(성할 성) : 衰(쇠할 쇠) 　　首(머리 수) : 尾(꼬리 미)
紳(펼 신) : 縮(줄일 축) 　　隱(숨을 은) : 見(드러날 현)
深(깊을 심) : 淺(얕을 천) 　　安(편안할 안) : 危(위태로울 위)
哀(슬플 애) : 歡(기쁠 환) 　　榮(영화 영) : 辱(욕될 욕)
長(어른 장) : 幼(어릴 유) 　　表(겉 표) : 裏(속 리)
任(맡길 임) : 免(면할 면) 　　雌(암컷 자) : 雄(수컷 웅)
早(이를 조) : 晚(늦을 만) 　　尊(높을 존) : 卑(낮을 비)
存(있을 존) : 亡(없을 망) 　　禍(재앙 화) : 福(복 복)
眞(참 진) : 僞(거짓 위) 　　贊(도울 찬) : 反(반대할 반)
彼(저 피) : 此(이 차) 　　賢(어질 현) : 愚(어리석을 우)
好(좋을 호) : 惡(미워할 오) 　　厚(두터울 후) : 薄(엷을 박)

❶ 두 개 이상의 음과 뜻을 가진 한자 - 동자이음어(同字異音語)

降	내릴 **강** / 항복할 **항**	樂	즐거워할 **락** / 좋아할 **요** / 풍류 **악**	宿	잘 **숙** / 별자리 **수**	徵	부를 **징** / 음이름 **치**	更	다시 **갱** / 고칠 **경**
拾	주울 **습** / 열 **십**	參	참여할 **참** / 석 **삼**	車	수레 **거** / 수레 **차**	識	알 **식** / 기록할 **지**	差	다를 **차** / 어긋날 **치**
見	볼 **견** / 뵐 **현**	惡	악할 **악** / 미워할 **오**	宅	집 **택** / 집 **댁**	北	북녘 **북** / 달아날 **배**	契	맺을 **계** / 부족이름 **글**
布	펼 **포** / 보시 **보**	不	아닐 **불** / 아닐 **부**	於	어조사 **어** / 감탄할 **오**	暴	사나울 **폭** / 모질 **포**	金	성 **김** / 쇠 **금**
易	바꿀 **역** / 쉬울 **이**	合	합할 **합** / 흡 **흡**(단위)	奈	어찌 **나** / 어찌 **내**	殺	죽일 **살** / 매우 **쇄**	刺	찌를 **자** / 찌를 **척** / 수라 **라**
內	안 **내** / 여관 **나**	塞	변방 **새** / 막힐 **색**	畵	그림 **화** / 그을 **획**	茶	차 **다** / 차 **차**	索	찾을 **색** / 새끼 **삭**
丹	붉을 **단** / 꽃 이름 **란**	設	말씀 **설** / 달랠 **세** / 기쁠 **열**	著	지을 **저** / 나타낼 **저** / 붙을 **착**	糖	엿 **당** / 사탕 **탕**	省	돌아볼 **성** / 줄일 **생**
度	법도 **도** / 헤아릴 **탁**	率	거느릴 **솔** / 비율 **률**	辰	별 **진** / 때 **신**	讀	읽을 **독** / 구절 **두**	數	셈 **수** / 자주 **삭**
洞	골 **동** / 통할 **통**	復	다시 **부** / 회복할 **복**	否	아닐 **부** / 막힐 **비**	若	같을 **약** / 반야 **야**	寺	절 **사** / 관청 **시**
行	갈 **행** / 항렬 **항**	狀	문서 **장** / 모양 **상**	切	끊을 **절** / 온통 **체**	則	곧 **즉** / 법칙 **칙**	徵	부를 **징** / 음률 이름 **치**

한자 퍼즐 ④

1		■	2	3	■	8	
	■	9	■		■		
	■		■	4	5	■	
		10		■	6	7	
■	11	■	■	■	■		
12		■	14		15	■	
	■	13		■	16		

가로 열쇠

1. 아버지와 어머니.
2. 하늘 아래 온 세상. "한때 그는 ○○를 호령했다."
4. 시골의 작은 마을.
6. '우편엽서'를 줄여 쓴 말.
10. 명절인 음력 팔월 보름날. 한가위.
12. 상대방의 요구, 부탁을 받아들이지 않고 물리침.
13. 자기 나라나 임금을 반역한 사람.
14. 화전을 일구어 농사를 짓는 사람.
16. 뭇사람들의 의견. "○○에 따르다."

세로 열쇠

1. 아버지가 아들에게 대대로 전함. "저 집 아버지와 아들은 ○○○○이야."
3. 하숙집이 많이 몰려 있는 동네.
5. 나뭇잎이 떨어짐.
7. 글방. "○○개 삼 년에 풍월을 읊는다."
8. 어떤 일에 대해 서로 의견을 주고받음. "○○가 활발하다."
9. 3년과 같이 길게 느껴짐. 몹시 애타게 기다리는 마음. "일각이 ○○○같다."
11. 유대나 연관 관계를 끊음.
12. 윗사람의 뜻이나 지시를 따르지 않고 거스름.
14. 떼를 지어 다니는 강도.
15. 국가나 사회를 구성하는 일반 국민.

5

쿵쿵따 4인방,
여행을 떠나다

고대하던 방학(放學)을 맞은 쿵쿵따 4인방.

긴 겨울 방학 동안을 어떻게 보낼 지에 대해 재잘재잘 얘기하면서 하교(下校)하고 있다.

"난 이번 겨울에는 꼭 태권도(跆拳道)를 배우고 싶어." 재석이가 말을 꺼냈다.

"에이, 메뚜기가 태권도를 배운다고? 참 가관(可觀)이겠다."

호동이가 메뚜기 흉내를 내며 놀리자 재석이가 연이어 말했다.

"응, 태권도를 배워서 제일 먼저 형을 혼내 줄 거야."

재미있다는 듯 휘재가 한석이에게 물었다.

"너는 방학 동안 뭐할 거야?"

"응, 시골에 계신 할머니 댁(宅)에 갈 거야."

한석이의 대답에 눈이 휘둥그레진 호동이가 흥분하면서 말했다.

"진짜? 진짜, 진짜, 진짜? 야, 우리도 같이 가자. 응?"

"그럴까? 할머니도 좋아하실 거야."

한석이의 할머니 댁에 놀러 가기로 한 쿵쿵따 4인방은 세상(世上)을 다

가진 듯 들떠 있는데, 재석이가 생각난 듯 말했다.

"그러는 형은, 방학 동안에 뭐 계획해 놓은 거라도 있어?"

호동이가 수줍은 듯 망설이자 휘재가 되물었다.

"형, 뭔데? 말해 봐. 뭔가 좋은 계획이라도 있는 거야?"

"사실(事實)은……." 호동이가 말을 이었다.

"사실은, 다이어트를 계획하고 있어."

갑자기 이상한 얼굴이 된 휘재와 재석이와 한석이가 동시(同時)에 뒤를 돌아 킥킥대느라 정신(精神)이 없다.

"야야, 왜들 이래? 내가 못할 줄 알고?"

한석이가 웃음을 간신히 멈추고 말했다.

"에이, 형. 팥으로 메주를 쑨다고 하는 게 낫겠어."

"야, 정말 너희들 너무한다! 이렇게 일치단결(一致團結)해서 나를 무시하다니!”

화가 난 호동이가 앞서 가자 재석이가 호동이를 붙들며 말했다.

“형! 갈 때 가더라도 쿵쿵따는 하고 가야지. 안 그래?”

핵! 돌아선 호동이가 말했다.

“좋아! 너희들, 내가 이겨서 모두 꿀밤 한 대씩 먹여 줄 테다. 제시어는 **일치단결**(一致團結). 재석이, 휘재, 나, 한석이의 순서(順序)야. 알았지? 시작(始作)!”

一致團結 일치단결

여럿이 마음을 합쳐 굳게 뭉침

0590 等 무리 등: | 竹 | 총 12획 6급
[一等席 일등석] 으뜸가는 등급의 자리
[等級 등급] 차이를 여러 층으로 구분한 단계

0591 席 자리 석 | 巾 | 총 10획 6급
[座席 좌석] 앉을 수 있게 마련된 자리
[立席 입석] 지정된 자리가 없어 서 있음

0592 夕 저녁 석 | 夕 | 총 3획 7급
[夕陽 석양] 저무는 해
[夕食 석식] 저녁밥

0593 陽 볕 양 | 阜 | 총 12획 6급
[太陽 태양] 해. 태양계의 중심이 되는 별
[陽地 양지] 햇볕이 잘 드는 곳

0594 養 기를 양: | 食 | 총 15획 5급
[養鷄場 양계장] 닭을 기르는 곳
[養育 양육] 아이를 보살펴서 자라게 함

0595 鷄 닭 계: | 鳥 | 총 21획 4급
[鷄卵 계란] 닭의 알
[蔘鷄湯 삼계탕] 보신을 위해 먹는 닭요리

0596 壯 장할 장: | 士 | 총 7획 4급
[壯士 장사] 우람하고 힘이 아주 센 사람
[壯觀 장관] 훌륭하고 장대한 광경

꿀밤을 때려 주겠다던 호동이. 의욕(意慾)만 앞선 탓인지 말을 잇지 못했고 모두들 킥킥대는 걸 모른 척하고 재빨리 게임을 진행(進行)했다.

"에이, 휘재야! '후발대'가 있잖아!"

재석이가 놀리듯 뒤늦게 알려 주자, 약이 바짝 오른 휘재가 이를 악물고 다시 게임을 진행한다.

0597 命 목숨 명: | 口 | 총 8획 [7급]
[使命感 사명감] 임무를 잘 행하려는 마음
[壽命 수명] 생물이 살아 있는 연한

0598 當 마땅 당 | 田 | 총 13획 [5급]
[堪當 감당] 일 따위를 맡아서 능히 해냄
[至當 지당] 당연함. '지당한 말씀'

0599 致 이를 치: | 至 | 총 10획 [5급]
[致誠 치성] 있는 정성을 다함
[理致 이치] 사물의 정당한 조리

0600 盛 성할 성: | 皿 | 총 12획 [4Ⅱ급]
[盛需期 성수기] 수요가 많은 시기
[蕃盛 번성] 한창 성하게 일어나 퍼짐

0601 存 있을 존 | 子 | 총 6획 [4급]
[旣存 기존] 이미 존재함
[保存 보존] 잘 보호하고 간수해 남김

0602 在 있을 재: | 土 | 총 6획 [6급]
[存在論 존재론] 존재의 규정에 대한 학문
[在任 재임] 직무나 임무를 수행하고 있음

0603 論 논할 론 | 言 | 총 15획 [4Ⅱ급]
[論理 논리] 이치에 맞는 과정이나 원리
[空論 공론] 실속이 없는 빈 논의를 함

0604 難 어려울 난(:) | 隹 | 총 19획 [4Ⅱ급]
[論難 논란] 서로 다른 주장을 내며 다툼
[難解 난해] 어렵고 까다로움

“꿍스~ 꿍스꿍스~ 쿵쿵따리~ 쿵쿵따~ 쿵쿵따리~ 쿵쿵따!”
단**결**(團結) 쿵쿵따 **결과물**(結果物) 쿵쿵따 **물자**(物資) 쿵쿵따 자……．

이번에는 재석이가 머리를 부여잡고 땅을 치며 스스로에게 화를 냈고 이를 지켜 보는 친구들은 웃느라 정신이 없다.

“꿍스~ 꿍스꿍스~ 쿵쿵따리~ 쿵쿵따~ 쿵쿵따리~ 쿵쿵따!”
결혼식(結婚式) 쿵쿵따 **식순**(式順) 쿵쿵따 **순번제**(順番制) 쿵쿵따
제도(濟度) 쿵쿵따 **도피자**(逃避子) 쿵쿵따 **자비**(自費) 쿵쿵따
비밀리(秘密裏) 쿵쿵따 **이씨**(李氏) 쿵쿵따!

0605 船 배 선 | 舟 | 총 11획　5급
[難破船 난파선] 부서지거나 뒤집힌 배
[船長 선장] 항해를 통솔하는 최고 책임자

0606 後 뒤 후: | 彳 | 총 9획　7급
[先後 선후] 먼저와 나중
[後孫 후손] 여러 대가 지난 뒤의 자손

0607 團 둥글 단 | 囗 | 총 14획　5급
[團結 단결] 마음과 힘을 한데 뭉침
[選手團 선수단] 경기를 위해 조직한 선수들

0608 結 맺을 결 | 糸 | 총 12획　5급
[結果物 결과물] 일을 마친 뒤 물질적인 성과
[結緣 결연] 인연을 맺음

0609 果 실과 과: | 木 | 총 8획　6급
[果實 과실] 과일
[果木 과목] 과일나무

0610 資 재물 자 | 貝 | 총 13획　4급
[物資 물자] 여러 가지 물건이나 재료
[資源 자원] 생산에 이용되는 원료

0611 婚 혼인할 혼 | 女 | 총 11획　4급
[結婚式 결혼식] 부부 관계를 맺는 서약식
[婚事 혼사] 혼인에 관한 일

0612 順 순할 순: | 頁 | 총 12획　5급
[式順 식순] 의식을 진행하는 순서
[順次 순차] 돌아오는 차례

"어! 누가 틀린 거야?"

자기 순서에서 갑자기 재석이가 쿵쿵따 진행을 막았다.

"비밀(秘密)은 한자어인데, '리'는 한자가 아니지 않아? 나, 날카롭지!"

"아니, 한자 맞아."

자신에 찬 재석이에게 호동이가 면박을 주며 말했다.

"그럼 '이씨'는 뭐냐?"

"그것도 한자 맞아, 내 성(姓)이 이씨(李氏)잖아!"

이번에는 휘재가 나서 재석이에게 면박을 주었다.

재석이가 눈치를 살피다가 줄행랑을 놓는다.

성큼성큼 좇아가는 호동이와 꿀밤을 피하려는 재석이의 실랑이가 이어

진다. 이로써 쿵쿵따 4인방의 즐거운 겨울 방학이 시작되었다.

0613 番 차례 번 | 田 | 총 12획 **6급** [順番制 순번제] 차례대로 진행하는 제도 [當番 당번] 일을 책임지고 돌보는 차례	**0617 秘** 숨길 비 | 禾 | 총 10획 **4급** [秘密裏 비밀리] 남이 모르는 가운데 [秘法 비법] 비밀스러운 방법
0614 濟 건널 제: | 水 | 총 17획 **4Ⅱ급** [濟度 제도] 중생을 열반에 이르게 함 [救濟 구제] 어려운 처지의 사람을 도와줌	**0618 密** 빽빽할 밀 | 宀 | 총 11획 **4Ⅱ급** [密林 밀림] 나무들이 빽빽한 숲 [密談 밀담] 남몰래 이야기함
0615 逃 도망할 도 | 辵 | 총 10획 **4급** [逃避者 도피자] 도망해 몸을 피하는 사람 [逃亡 도망] 피하거나 쫓기어 달아남	**0619 李** 오얏/성씨 리: | 木 | 총 7획 **6급** [李氏 이씨] 성이 '이'인 사람 [李花 이화] 자두나무의 꽃
0616 費 쓸 비: | 貝 | 총 12획 **5급** [自費 자비] 필요한 비용을 자기가 부담함 [費用 비용] 어떤 일을 하는 데 드는 돈	**0620 氏** 각 씨 / 성씨 씨 | 氏 | 총 4획 **4급** [氏族 씨족] 같은 혈연을 가진 공동체 [姓氏 성씨] '성'을 높여 이르는 말

여기는 서울역(驛) 시계탑(時計塔) 앞.

겨울 방학을 맞아 한석이의 할머니 댁(宅)에 놀러 가기로 한 쿵쿵따 4인방의 약속 장소(場所)이다.

저마다 배낭을 짊어진 재석이와 휘재와 한석이는 제 시간(時間)에 도착했지만 아니나 다를까, 호동이는 지각 대장다운 면모를 보여 주고 있다.

"야, 이러다가 기차(汽車) 시간 놓치는 거 아닌지 몰라."

휘재가 시계를 보며 불안(不安)한 표정으로 말했다.

"오기만 해 봐라, 아이고! 십중팔구(十中八九) 먹고 오느라 늦거나! 먹고 있거나! 먹으면서 올 거야!" 재석이가 몸서리를 치며 말했다.

아니나 다를까, 멀리서 한가롭게 오고 있는 호동이는 뭔가를 우물우물 먹고 있는데, 자세히 보니 군고구마이다.

"형!" 모두들 어이없어 하며 쳐다보는데, 호동이가 태연하게 말했다.

"응, 군고구마 사려는데, 시간이 걸려서 좀 기다리느라 늦었어. 미안, 미안."

"아니, 형! 다이어트 한다고 할 때는 언제고. 그리고 그 엄청나게 큰 가방은 뭐야! 다 먹거리야?”

　그러자 호동이가 가방을 열어 일일이 보여 주며 변명하듯 말했다.

　“이거 봐! 이거 봐! 전부 살 안 찌는 간식(間食)들로 가져 왔단 말이야.”

　보다 못한 휘재가 나섰다.

　“형! 아무리 살 안 찌는 간식이라도 그렇지. 그렇게 산더미처럼 쌓아 놓고 먹으면 살이 안 찌겠어? 어이구! 아무튼. 자, 빨리 가자. 시간(時間)이 없어.” 그러자 슬쩍 눈치를 보며 호동이가 말했다.

　“야, 우리 기차(汽車) 안까지 ‘가방 들어 주기’ 쿵쿵따 게임 어때?”

　“우리가 불리하잖아. 형 가방은 이렇게 큰데?”

“너희가 이기면 될 거 아냐! 그러면 너희 가방도 다 내가 들어 주는 거 잖아. 안 그래?” 호동이가 살짝 꾀를 내어 말했다.

사실(事實) 쿵쿵따 게임에서 가장 많이 지는 사람은 호동이다. 휘재와 재석이와 한석이도 싫을 리 없다.

결국 쿵쿵따 4인방은 한석이의 진행(進行)으로 쿵쿵따를 시작했다.

제시어는 **십중팔구**(十中八九). 휘재, 한석, 호동, 재석의 순서다.

十中八九 십중팔구
열 가운데 여덟이나 아홉 정도로 거의 틀림 없음

0621 열십 | 十 | 총 2획 | 8급
十
[十字 십자] ‘十’ 자와 같은 모양
[十常 십상] ‘놓치기 십상이다’

0622 글자 자 | 子 | 총 6획 | 7급
字
[漢字 한자] 중국에서 만들어 쓰는 문자
[字數 자수] 글자의 수효

0623 질 부: | 貝 | 총 9획 | 4급
負
[自負心 자부심] 스스로 당당히 여기는 마음
[負役 부역] 백성이 부담하는 공역

0624 판단할 판 | 刀 | 총 7획 | 4급
判
[審判 심판] 심의해 판결을 내리는 일
[判斷 판단] 논리, 기준에 따라 판정 내림

0625 널판 | 木 | 총 8획 | 5급
板
[板刻本 판각본] 목판으로 인쇄한 책
[板子 판자] 널빤지

0626 새길 각 | 刀 | 총8획 | 4급
刻
[刻印 각인] 도장을 새김
[彫刻 조각] 재료를 깎아서 형상을 만듦

0627 나눌 분(:) | 刀 | 총 4획 | 6급
分
[本分 본분] 마땅히 지켜 행해야 할 직분
[分別 분별] 일이나 사물을 구별해 가름

한석이가 '분'을 못 이을 줄 알고 좋아하던 호동이가 그만 첫 게임에서 무릎을 꿇고 말았다.

"꿍스~ 꿍스꿍스~ 쿵쿵따리~ 쿵쿵따~ 쿵쿵따리~ 쿵쿵따!"
중**화**(中華) 쿵쿵따 **화생방**(化生放) 쿵쿵따 **방범**(防犯) 쿵쿵따
범죄자(犯罪者) 쿵쿵따 **자숙**(自肅) 쿵쿵따 **숙부모**(叔父母) 쿵쿵따
모양(模樣) 쿵쿵따 **양피지**(羊皮紙) 쿵쿵따……

0628 圍 에워쌀 위 | 囗 | 총 12획 4급
[雰圍氣 분위기] 주위를 둘러싼 상황, 환경
[包圍 포위] 주위를 에워쌈

0629 華 빛날 화 | 艸 | 총 12획 4급
[中華 중화] 중국이 자기 나라를 이르는 말
[華僑 화교] 외국에서 사는 중국 사람

0630 放 놓을 방(:) | 攴 | 총 8획 6급
[化生放 화생방] 화학, 생물학, 방사능
[放心 방심] 마음을 놓음

0631 防 막을 방 | 阜 | 총 7획 4Ⅱ급
[防犯 방범] 범죄를 미리 막음
[防禦 방어] 상대편의 공격을 막음

0632 犯 범할 범: | 犬 | 총 5획 4급
[犯罪者 범죄자] 범죄를 저지른 사람
[犯法 범법] 법을 어김. '범법 행위'

0633 罪 허물 죄: | 网 | 총 13획 5급
[罪人 죄인] 죄를 지은 사람
[無罪 무죄] 아무 잘못이나 죄가 없음

0634 肅 엄숙할 숙 | 聿 | 총 12획 4급
[自肅 자숙] 행동을 스스로 조심함
[嚴肅 엄숙] 장엄하고 정숙함

0635 叔 아재비 숙 | 又 | 총 8획 4급
[叔父母 숙부모] 작은아버지와 작은어머니
[堂叔 당숙] 아버지의 사촌 형제

“지? 지? 뭐 없을까!”

호동이가 도움을 청하듯 좌우를 둘러보며 말했다.

호동이는 그만 4인방의 가방을 모두 들어야 할 위기(危機)에 놓이고 말았다.

휘재가 ‘치’에서 막히자 호동이가 씨익 웃으며 말했다. “치약(齒藥)!”

호동이는 기사회생(起死回生)을 꿈꾸는 듯 표정이 밝아졌다.

0636 八 여덟 팔 | 八 | 총 2획 8급 [八等身 팔등신] 키가 얼굴 길이의 8배인 몸 [八字 팔자] 사람의 한 평생의 운수	**0640 張** 베풀 장 | 弓 | 총 11획 4급 [主張 주장] 자기의 의견, 주의를 내세움 [伸張 신장] 권리나 세력이 늘어남
0637 信 믿을 신: | 人 | 총 9획 6급 [信義 신의] 믿음과 의리 [信賴 신뢰] 굳게 믿고 의지함	**0641 舌** 혀 설 | 舌 | 총 6획 4급 [長廣舌 장광설] 쓸데없이 장황한 말 [雀舌茶 작설차] 어린 찻잎으로 만든 차
0638 義 옳을 의: | 羊 | 총 13획 4Ⅱ급 [義人 의인] 의로운 사람 [正義 정의] 진리에 맞는 올바른 도리	**0642 設** 베풀 설 | 言 | 총 11획 4Ⅱ급 [設置 설치] 베풀어서 둠 [假設 가설] 임시로 설치함
0639 衣 옷 의 | 衣 | 총 6획 6급 [衣食住 의식주] 옷과 음식과 집 [上衣 상의] 웃옷	**0643 鳥** 새 조 | 鳥 | 총 11획 4Ⅱ급 [九官鳥 구관조] 사람 말을 흉내 내는 새 [吉鳥 길조] 좋은 일을 미리 알려 주는 새

"꿍스~ 꿍스꿍스~ 쿵쿵따리~ 쿵쿵따~ 쿵쿵따리~ 쿵쿵따!"
구**관조**(九官鳥) 쿵쿵따 **조차**(潮差) 쿵쿵따 **차익금**(差益金) 쿵쿵따
금속(金屬) 쿵쿵따 **속독법**(速讀法) 쿵쿵따 **법전**(法典) 쿵쿵따
전공(專攻)…… **의**(醫)

"휴, 맞지, 맞지? '전공의(專攻醫)?'"

호동이가 이마를 쓸어 내리며 눈치를 봤다.

"늦었어, 늦었어."

역시 재석이는 호동이의 실수를 놓치지 않고, 모두의 가방을 받아 호동이의 어깨에 신나게 걸기 시작했다. 결국 호동이는 자기 꾀에 자기가 넘어가는 신세가 되고 말았다.

0644 潮 조수 조 | 水 | 총 15획 **4급**
[潮差 조차] 밀물과 썰물 때의 수위 차이
[干潮 간조] 해수면이 가장 낮아진 상태

0645 益 더할 익 | 皿 | 총 10획 **4Ⅱ급**
[差益金 차익금] 결산 때 생기는 이익금
[收益 수익] 이익을 거두어들임

0646 屬 붙일 속 | 尸 | 총 21획 **4급**
[金屬 금속] 쇠붙이
[所屬 소속] 일정한 단체, 기관에 딸림

0647 讀 읽을 독 / 구절 두 | 言 | 총 22획 **6급**
[速讀法 속독법] 책 따위를 빨리 읽는 방법
[讀書 독서] 책을 읽음

0648 典 법 전: | 八 | 총 8획 **5급**
[法典 법전] 국가가 제정한 성문 법규집
[古典 고전] 오랫동안 널리 읽힌 작품

0649 專 오로지 전 | 寸 | 총 11획 **4급**
[專攻醫 전공의] 임상 수련 중인 의사
[專門 전문] 특정 분야의 지식이 뛰어남

0650 攻 칠 공: | 攴 | 총 7획 **4Ⅱ급**
[攻擊 공격] 나아가 적을 침
[專攻 전공] 한 분야를 전문적으로 연구함

0651 醫 의원 의 | 酉 | 총 18획 **6급**
[醫師 의사] 병 치료를 직업으로 삼는 사람
[醫院 의원] 병원보다는 작은 의료시설

　　드디어 기차(汽車)에 오른 쿵쿵따 4인방.
　　사실(事實) 난생 처음 기차를 타 본 재석이는 이리저리 눈을 돌리며 구경하느라 정신이 없는데, 이를 보던 휘재가 한 마디를 한다.

　　"야, 재석아. 너무 티 내는 거 아니니? 아유, 촌스러워."

　　새침해진 재석이가 말했다.

　　"야! 나도 지하철(地下鐵)은 타 봤어. 왜 이래!"

　　"지하철하고 기차하고 같냐?"

　　"야, 지하철도 지상(地上)으로 나가면 기차랑 똑같지, 뭐가 다르냐?"

　　"지하철 의자(椅子)가 이렇게 생겼냐?"

　　"기차가 무슨 대수(大事)라고 유치(幼稚)하게. 너, 비행기(飛行機) 타 봤어?"

　　"야! 네가 더 유치해."

　　재석이와 휘재가 티격태격 하고 있을 때 끙끙대며 4인방 모두의 가방을 짊어지고 들어 오던 호동이가 재석이와 휘재의 머리를 쥐어박으며 말했다.

　　"시끄러워! 공중도덕(公衆道德)도 모르는 녀석들 같으니!"

이 때 좌석을 확인하던 한석이가 말했다.

"자, 여기가 우리 자리야. 그런데 누가 창가에 앉고 누가 통로 쪽에 앉지?" 그 말을 들은 호동이가 갑자기 가방을 냅다 팽개치고 '후다닥' 창가에 앉았다.

"형, 형은 통로 쪽에 앉아야 하는 거 아냐? 창가는 화장실(化粧室) 가기도 불편하고 무엇보다 간식(間食) 사기가 불편할 텐데."

휘재의 말을 들은 호동이가 통로 쪽으로 앉자 재석이가 다시 놀리듯 말했다.

"와! 저 창 밖의 경치 좀 봐!"

어쩔 줄 몰라하는 호동이.

"아이, 어쩌지? 아무리 생각해도 어디에 앉아야 좋을지 모르겠어. 창가

자리는 간식 고르기가 힘들고, 통로 자리는 창 밖 보기가 불편하고, 나 참.”

“하하. 그게 바로 일장일단(一長一短)이지. 그럼 뭐 별 수 있어? 쿵쿵따

로 자기가 앉고 싶은 자리를 정하자. 좋지?”

한석의 제안(提案)이 마침 적당(適當)하다고 생각한 세 사람.

4인방의 자리 고르기 쿵쿵따가 시작되었다.

한석, 호동, 재석, 휘재의 순서로 진행되는 이번 쿵쿵따 게임의 제시어

는 **일장일단**(一長一短).

一長一短 일장일단
일면의 장점과 단점을 동시에 지님

0652 直 곧을 직 | 目 | 총 8획 **7급**
[一直線 일직선] 한 방향으로 쭉 곧은 줄
[直進 직진] 곧게 나아감

0653 烈 매울 렬 | 火 | 총 10획 **4급**
[先烈 선열] 나라를 위해 싸운 열사
[熱烈 열렬] 열광적인. ‘열렬한 환영’

0654 碑 비석 비 | 石 | 총 13획 **4급**
[烈女碑 열녀비] 열녀를 기리기 위해 세운 비
[碑石 비석] 돌로 만든 비

0655 備 갖출 비: | 人 | 총 12획 **4Ⅱ급**
[備蓄 비축] 만약의 경우를 대비해 모아 둠
[準備 준비] 미리 마련하여 갖춤

0656 蓄 모을 축 | 艸 | 총 13획 **4Ⅱ급**
[蓄積 축적] 모아서 쌓음
[貯蓄 저축] 절약해 모아 둠

0657 祝 빌 축 | 示 | 총 10획 **5급**
[祝賀宴 축하연] 축하의 뜻으로 여는 잔치
[慶祝 경축] 경사스러운 일을 축하함

0658 研 갈 연: | 石 | 총 11획 **4Ⅱ급**
[研究 연구] 깊게 조사하고 진리를 따져 봄
[研磨 연마] 학문, 기술을 힘써 배우고 닦음

별로 어려운 한자도 아닌데, 재석이가 쉽게 걸리고 말았다.

"아니, 이런." 재석이가 안타까운 듯 이마를 쳤다.

재석이부터 다시 시작.

"액! 액이 뭐가 있지?"

재석이가 안타까워하며 물었다.

0659 究 연구할 **구** | 穴 | 총 7획 **4Ⅱ급** [探究 탐구] 진리, 학문 등을 깊이 연구함 [研究室 연구실] 연구를 위해 설치한 기관	**0663 暖** 따뜻할 **난:** | 日 | 총 13획 **4Ⅱ급** [暖房 난방] 건물, 방 안을 따뜻하게 함 [溫暖 온난] 날씨가 따뜻함
0660 男 사내 **남** | 田 | 총 7획 **7급** [長男 장남] 맏아들 [男兒 남아] 사내아이	**0664 油** 기름 **유** | 水 | 총 8획 **6급** [油價 유가] 석유의 판매 가격 [油類 유류] 기름 종류
0661 北 북녘 **북** / 패할 **배** | ヒ | 총 5획 **8급** [남북한 南北韓] 남한과 북한 [敗北 패배] 겨루어서 짐	**0665 有** 있을 **유:** | 月 | 총 6획 **7급** [有無 유무] 있음과 없음 [有情 유정] 인정이나 동정심이 있음
0662 寒 찰 **한** | 宀 | 총 12획 **5급** [寒暖 한난] 추움과 따뜻함 [暴寒 폭한] 갑자기 닥치는 몹시 심한 추위	**0666 無** 없을 **무** | 火 | 총 12획 **5급** [無許可 무허가] 허가를 받지 않음 [無常 무상] 모든 것이 덧없음

"액땜!" 휘재가 말하자 어이없다는 듯 재석이가 눈을 흘긴다.

"재석아, 그냥 액땜했다고 생각해."

재석이는 좀 전의 실수(失手) 때문에 집중(執中)을 못했는지 이번에도 말을 잇지 못했다.

이제 맘에 드는 자리에 앉기는 틀렸다는 듯, 시무룩해진 재석이로부터 다시 게임이 시작되었다.

0667 허락 허 | 言 | 총 11획　**5급**

許

[許諾 허락] 청하는 일을 하도록 들어 줌
[許容 허용] 허락해 너그럽게 받아들임

0668 옳을 가: | 口 | 총 5획　**5급**

可

[可否 가부] 옳고 그름
[可能 가능] 할 수 있음

0669 아닐 부: | 口 | 총 7획　**4급**

否

[否定 부정] 옳지 않다고 반대함
[否認 부인] 옳다고 인정하지 않음

0670 멜 담 | 手 | 총 16획　**4Ⅱ급**

擔

[負擔額 부담액] 책임지고 내야 할 돈의 액수
[擔當 담당] 어떤 일을 맡음

0671 별 성 | 日 | 총 9획　**4Ⅱ급**

星

[一等星 일등성] 맨눈으로 볼 때 가장 밝은 별
[星座 성좌] 별자리

0672 자리 좌: | 广 | 총 10획　**4급**

座

[玉座 옥좌] 임금이 앉는 자리
[座席 좌석] 앉는 자리. 여럿이 모인 자리

0673 오를/오른쪽 우: | 口 | 총 5획　**7급**

右

[座右銘 좌우명] 가르침으로 삼는 말, 문구
[右翼 우익] 보수적이거나 국수적인 경향

0674 쾌할 쾌 | 心 | 총 7획　**4Ⅱ급**

快

[明快 명쾌] 시원시원함
[快活 쾌활] 유쾌하고 활달함

별로 자리 욕심이 없던 휘재가 쉽게 게임을 포기했다. 이로써 재석이 3패, 휘재 1패가 되었고, 한석이는 경치를 즐기기 위해 창가 자리에, 호동이는 한참 동안의 갈등 끝에 통로 쪽에 앉았고, 통로 쪽을 선택한 휘재 덕분에 재석이는 뜻하지 않게 원하던 창가 자리에 앉아 갈 수 있게 되었다.

드디어 기차도 기다렸다는 듯, 천천히 움직이기 시작했다.

자, 못 말리는 쿵쿵따 4인방. 할머니 댁으로 출발(出發)!

0675 篇 책 편 | 竹 | 총 15획 4급 [短篇 단편] 짤막하게 지은 글 [長篇 장편] 내용이 긴 소설이나 시가	**0679 達** 통달할 달 | 辵 | 총 13획 4Ⅱ급 [達辯家 달변가] 말이 능숙한 사람 [達成 달성] 목적한 것을 이룸
0676 頭 머리 두 | 頁 | 총 16획 6급 [偏頭痛 편두통] 갑자기 생기는 발작성 두통 [頭目 두목] 패거리의 우두머리	**0680 辯** 말씀 변: | 辛 | 총 21획 4급 [辯護 변호] 남의 이익을 위해 감싸고 도움 [答辯 답변] 물음에 대해 밝혀 대답함
0677 痛 아플 통: | 疒 | 총 12획 4급 [痛症 통증] 아픈 증세 [苦痛 고통] 몸이나 마음의 괴로움과 아픔	**0681 街** 거리 가 | 行 | 총 12획 4Ⅱ급 [街路 가로] 시가지의 넓은 도로 [街頭 가두] 도시의 길거리
0678 通 통할 통 | 辵 | 총 11획 6급 [通達 통달] 지식, 기술이 아주 능란함 [疏通 소통] 서로 뜻이 통해 오해가 없음	**0682 路** 길 로: | 足 | 총 13획 6급 [大路 대로] 큰길 [進路 진로] 앞으로 나아갈 길

“할머니!”

한석이가 달려가자 허리가 굽고 머리가 하얗게 센 할머니가 맨발로 뛰어나와 한석이를 끌어안으셨다.

“아이고, 우리 강아지. 먼길 오느라 고생 많았지? 어서들 오거라.”

할머니는 쿵쿵따 4인방을 반갑게 맞아 주셨다.

“강아지래, 강아지.”

재석이는 뭐가 그리 우스운지 연신 킥킥댔다.

“너, 사실은 가슴이 뭉클하고 눈이 촉촉해져서 괜히 아닌 척하느라 웃는 거지? 내가 다 알아!”

호동이가 재석이를 놀리며 말했다.

“형! 가슴 뭉클한 장면을 보면 눈물을 흘리는 게 인지상정(人之常情)이야. 난 하나도 안 창피해!”

속내를 들킨 재석이가 슬쩍 눈물을 훔치며 말했다.

할머니는 금세 온갖 산해진미(山海珍味)가 가득한 큰 상(床)을 내오셨다. 기차를 타고 오는 동안 가방 가득 들어 있던 간식(間食)을 모두 먹어

치운 호동이가 눈이 휘둥그레지며 음식 접시들을 말끔하게 비우자, 휘재가 놀리듯 말했다.

"형의 별명(別名)은 앞으로 작심삼일(作心三日)이야. 다이어트를 한다던 계획은 어쩌고, 쯧쯧."

배불리 먹은 4인방은 너나할 것 없이 냅다 마당으로 뛰어나가 머리를 맞대고 무슨 놀이를 할까 궁리(窮理)를 하기 시작했다.

"우리, 뭐 하지? 술래잡기 할까?"

휘재의 말에 한석이는 "술래잡기 말고, 우리 아빠가 알려 주신 놀이가 있는데. 한 번 해 볼래?"

"뭔데?"

모두 궁금해하자, 뒤뜰로 냅다 뛰어간 한석이가 이내 손에 뭔가를 쥐고 나타나서는 큰 소리로 말했다.

"자치기!"

모두들 처음 들어 보는 낯선 놀이이다.

한석이는 신이 나서 자치기 요령(要領)을 설명(說明)했다.

"자, 막대기가 두 개지? 하나는 짧고, 하나는 길어. 이 긴 막대기로 짧은 막대기를 쳐서 멀리 보내는 팀이 이기는 거야. 간단하지?"

"오! 재미있겠다. 한번 해 보자."

한석이는 익숙한 동작(動作)으로 땅을 파서 작은 막대기를 걸쳐 놓고는 긴 막대기로 짧은 막대기를 쳐 올렸다.

"와우!" 모두의 감탄(感歎)에 쑥스러워하는 한석이.

재석이와 호동이는 서로 먼저 해 보겠다며 아우성을 쳤다. 곧 호동이가 재석이에게 꿀밤을 먹였고, 재석이도 지지 않고 호동이의 바짓가랑이를 당겨 넘어뜨렸다.

또 한바탕 소동이 일어났다.

결국 중재(仲裁)에 나선 휘재의 제안으로 쿵쿵따 게임이 시작되었다. 쿵쿵따 게임에서 이기는 사람이 먼저 자치기를 해 보는 것으로 결정(決定)을 내렸다.

호동, 재석, 휘재, 한석의 순서. 제시어는 **작심삼일**(作心三日).

作心三日 작심삼일

단단히 먹은 마음이 사흘을 못감

0683
지을 **작** | 人 | 총 7획 | 6급
作
[作曲 작곡] 음악 작품을 창작하는 일
[工作 공작] 물건을 만듦

0684
굽을 **곡** | 日 | 총 6획 | 5급
曲
[曲調 곡조] 음악적 통일을 이룬 음의 연속
[新曲 신곡] 새로 지은 곡

0685
아름다울 **미(:)** | 羊 | 총 9획 | 6급
美
[曲線美 곡선미] 곡선에 나타나는 아름다움
[美人 미인] 용모가 아름다운 여자

0686
맛 **미** | 口 | 총 8획 | 4Ⅱ급
味
[味覺 미각] 맛을 느끼는 감각
[別味 별미] 특별히 좋은 맛

0687
깨달을 **각** | 見 | 총 20획 | 4급
覺
[覺醒 각성] 깨어 정신을 차림
[覺悟 각오] 해야 할 일에 대한 마음의 준비

0688
뿔 **각** | 角 | 총 7획 | 6급
角
[角度器 각도기] 각도를 재는 도구
[三角 삼각] 각이 세 개 있는 것

0689
더울 **열** | 火 | 총 15획 | 5급
熱
[心熱 심열] 간절히 바라는 마음
[熱氣 열기] 뜨거운 기운

"이상하다. 어째서 '기'로 시작되는 한자 단어가 별로 없지? 어렵군!"

호동이가 머리를 긁적이며 혼잣말을 하는 동안, 재석이는 막대기가 있는 쪽으로 슬쩍 가려다가 친구들에게 꿀밤을 맞았다.

0690 帶 띠 대(:) | 巾 | 총 11획 4Ⅱ급
[熱帶夜 열대야] 온도가 25℃ 이상인 밤
[革帶 혁대] 가죽으로 만든 띠

0691 夜 밤 야: | 夕 | 총 8획 6급
[夜景 야경] 밤의 경치
[深夜 심야] 깊은 밤

0692 野 들 야: | 里 | 총 11획 6급
[野外 야외] 집 밖이나 노천
[野性 야성] 자연 그대로의 거친 성질

0693 外 바깥 외: | 夕 | 총 5획 8급
[外交官 외교관] 외교에 종사하는 관직
[外人 외인] 한집안 식구 밖의 사람

0694 管 주관할/대롱 관 | 竹 | 총 14획 4급
[管理 관리] 시설의 유지, 개량을 맡아 함
[主管 주관] 책임을 지고 맡아 관리함

0695 三 석 삼 | 一 | 총 3획 8급
[三角形 삼각형] 세 개의 선으로 싸인 도형
[三選 삼선] 세 번 당선됨

0696 形 모양 형 | 彡 | 총 7획 6급
[形態 형태] 사물의 생김새나 모양
[形勢 형세] 살림살이의 형편

0697 態 모습 태: | 心 | 총 14획 4Ⅱ급
[態度 태도] 몸의 동작이나 모양새
[業態 업태] 영업이나 사업의 실태

"아!" 막대기에 신경 쓰느라 정신(精神)이 없던 재석이가 갑자기 말문이 막혔다. 다시 재석이부터 시작.

"너, 휘재!"

말문이 막힌 한석이가 땅을 치며 소리를 치자, 깜짝 놀란 휘재는 호동

0698 클 태 | 大 | 총 4획 **6급**
太
[太極旗 태극기] 대한민국의 국기
[太陽 태양] 태양계의 중심이 되는 별

0699 능할 능 | 肉 | 총 10획 **5급**
能
[技能 기능] 작업에 뛰어난 기술, 재능
[能動的 능동적] 스스로 내켜서 움직임

0700 과녁 적 | 白 | 총 8획 **5급**
的
[的中 적중] 꼭 들어맞음
[標的 표적] 목표로 삼는 물건

0701 떼 부 | 邑 | 총 11획 **6급**
部
[中心部 중심부] 사물의 한가운데나 복판
[部署 부서] 사업에 따른 사무의 각 부문

0702 지아비 부 | 大 | 총 4획 **7급**
夫
[夫婦 부부] 남편과 아내
[大丈夫 대장부] 건장하고 씩씩한 사내

0703 며느리 부 | 女 | 총 11획 **4Ⅱ급**
婦
[姑婦 고부] 시어머니와 며느리
[婦人 부인] 결혼한 여자

0704 버금 부: | 刀 | 총 11획 **4Ⅱ급**
副
[副作用 부작용] 부수적으로 일어나는 현상
[副賞 부상] 상장과 함께 받는 물품

0705 쉬울 이 / 바꿀 역: | 日 | 총 8획 **4급**
易
[容易 용이] 아주 쉬움
[交易 교역] 국가 간 물건을 사고파는 일

의 등 뒤로 숨었다.

"'염불'이 한자 단어야?"

"쯧쯧. 형은 염불에는 관심 없고 잿밥에만 관심이 있군. 그러니까 지는 거야."

마침내 막대기는 재석이의 손에 넘어갔다.

0706 주일 주 | 辵 | 총 12획 **5급**
週
[一週忌 일주기] 사후 한 돌만에 지내는 제사
[週給 주급] 일마다 지급되는 급료

0707 기록할 록 | 金 | 총 16획 **4Ⅱ급**
錄
[記錄 기록] 어떤 사실을 적음
[錄取 녹취] 내용을 녹음하고 채취함

0708 소리 음 | 音 | 총 9획 **6급**
音
[錄音室 녹음실] 녹음시설을 갖추어 놓은 방
[音聲 음성] 목소리. '또렷한 음성'

0709 시골 향 | 邑 | 총 13획 **4Ⅱ급**
鄕
[失鄕 실향] 고향을 잃거나 빼앗김
[鄕土 향토] 자기가 태어나서 자란 땅

0710 향기 향 | 香 | 총 9획 **4Ⅱ급**
香
[香辛料 향신료] 음식에 맛을 더하는 조미료
[香水 향수] 향기가 나는 액체 화장품

0711 칠 격 | 手 | 17획 **4급**
擊
[邀擊 요격] 기다리다가 도중에서 맞받아침
[擊退 격퇴] 적을 쳐서 물리침

0712 변할 변: | 言 | 총 23획 **5급**
變
[激變期 격변기] 상황이 갑자기 변하는 시기
[變貌 변모] 모양, 모습이 달라지거나 바뀜

0713 생각 념: | 心 | 총 8획 **5급**
念
[記念 기념] 오래 잊지 않고 마음에 간직함
[想念 상념] 마음속의 여러 가지 생각

"**나**는 산(山)이 싫어."

아침부터 호동이가 입을 내민 채 투덜대고 있다.

한사코 싫다는 호동이를 휘재가 조르고 있고, 이미 신발을 신은 재석이가 댓돌 위에 서서 뒷짐을 지고 말했다.

"내버려 둬. 호동이 형은 산에 오르려면 정말 힘들 거야. 파하하."

재석의 말에 자동(自動)으로 벌떡 일어나는 호동이.

휘재와 한석이는 가뿐하게 산을 오르는 동안 연신 뒤를 돌아 보며 헉헉대는 호동이와 재석이를 재촉한다.

"너는 잘난 척하더니 왜 나랑 같이 가냐? 너도 힘들지?"

"형이 혼자 가면 심심할까 봐 같이 가 주고 있는 거야."

정녕 입은 지치지 않은 듯 종알대며 올라오는 두 사람.

드디어 산꼭대기에 오른 휘재와 한석이가 가뿐 호흡(呼吸)을 정리(整理)하며 기다리고 있자니 호동이가 혼자서 부지런히 올라오고 있다.

"어라? 형, 왜 혼자 와?"

"어, 재석이는 소피가 마렵다지 뭐야. 금세 따라온다더니 안 보이네?"

한참이 지나도록 재석이는 올라오지 않았다. 결국 휘재와 한석이와 호동이는 재석이를 찾아 나섰다.

"재석아! 야, 메뚜기! 어디 있는 거야!"

"혹시 산을 내려가서 할머니 집에 가 있는 거 아냐?"

"뱀이라도 만난 게 아닐까?"

셋은 점점 겁(怯)에 질렸고 하늘은 어두워지기 시작했다. 그 때였다.

"얘들아! 호동이 형, 한석아, 휘재야……."

"어? 어디서 무슨 소리 들리는 것 같지 않아?"

한석이가 귀를 쫑긋 세웠다.

"맞아. 나도 무슨 소리 들은 거 같아. 또 들린다."

휘재의 말이 끝나기도 전에 조금 더 가까운 곳에서 "얘들아!" 하는 재석이의 울음 섞인 목소리가 들렸다.

"어! 저기 좀 봐."

한석이의 손이 멈춘 곳에서 먼지투성이가 된 재석의 모습이 보였다.

"야, 대체 어떻게 된 거야!"

모두가 걱정스럽게 물으니 재석이가 대답(對答)했다.

"그게 말이야. 숲 속으로 들어갔는데, 볼 일을 보고 나오려니까 길이 사

라지고 없는 거야. 가도 가도 제자리만 맴돌고 있었어. 아, 얼마나 무서웠

는지 몰라. 흑흑."

"산에서 혼자 다니는 건 위험(危險)해. 그래도 이렇게 다시 만났으니 정

말 다행이다."

"아, 얘들아 반가워! 난 정말 고립무원(孤立無援)을 실감했어."

재석이의 얼굴을 바라보던 호동이가 갑자기 키득키득 웃음을 터뜨렸다.

재석이의 얼굴이 흙먼지와 눈물과 콧물로 범벅이 되어 있었던 것이다.

재석이도 자신의 꼴이 우스웠는지 웃음을 터뜨렸다.

"재석이 기운 차리게 우리 쿵쿵따 한번 하고 내려가자. 제시어는 **고립
무원**(孤立無援), 어때?"

그래서 재석, 휘재, 호동, 한석의 순서로 쿵쿵따 게임이 시작되었다.

孤立無援 고립무원

고립되어 구원 받을 데가 없음

0714 孤 외로울 고 | 子 | 총 8획 **4급**
[孤獨 고독] 세상에 홀로인 듯 매우 쓸쓸함
[孤立 고립] 외톨이로 됨

0715 創 비롯할 창: | 刀 | 총 12획 **4Ⅱ급**
[獨創的 독창적] 독자적으로 고안해 냄
[創作 창작] 방안, 물건을 처음 만들어 냄

0716 適 맞을 적 | 辵 | 총 15획 **4급**
[適任 적임] 어떤 임무나 일에 알맞음
[適切 적절] 알맞음

0717 林 수풀 림 | 木 | 총 8획 **7급**
[林産物 임산물] 산림에서 나는 물품
[森林 삼림] 나무가 많이 우거진 숲

0718 産 낳을 산: | 生 | 총 11획 **5급**
[生産 생산] 각종 물건을 만들어 냄
[産苦 산고] 아이를 낳을 때 느끼는 고통

0719 象 코끼리 상 | 豕 | 총 12획 **4급**
[物象 물상] 자연계의 사물과 그 변화 현상
[象牙 상아] 코끼리의 어금니

0720 商 장사 상 | 口 | 총 11획 **5급**
[商品券 상품권] 상품과 교환할 수 있는 표
[商術 상술] 장사하는 재주나 꾀

"아……. 아까는 정말 좌절감을 느꼈다고." 재석이가 고개를 떨구고 아까의 기억이 나는지 도리질을 쳤다.

"괜찮아. 기운내. 이렇게 무사하잖아. 내가 메뚜기 춤이라도 출까?"

휘재의 위로에 한바탕 웃음을 터뜨리는 4인방.

0721 券	문서 권 | 刀 | 총 8획 [4급]
	[往復券 왕복권] 한 장으로 오갈 수 있는 표
	[食券 식권] 음식을 먹을 수 있는 표

0722 權	권세 권 | 木 | 총 22획 [4II급]
	[權座 권좌] 통치권을 가지고 있는 자리
	[權利 권리] 타인에게 요구할 수 있는 자격

0723 折	꺾을 절 | 手 | 총 7획 [4급]
	[挫折感 좌절감] 의지가 꺾여 자신감을 잃음
	[折斷 절단] 구부려서 끊음

0724 冬	겨울 동(:) | 冫 | 총 5획 [7급]
	[立冬 입동] 겨울이 시작되는 절기
	[冬眠 동면] 겨울잠

0725 調	고를 조 | 言 | 총 15획 [5급]
	[同調者 동조자] 뜻을 같이하고 돕는 사람
	[調節 조절] 균형이 맞게 바로잡음

0726 己	몸 기 | 己 | 총 3획 [5급]
	[自己 자기] 그 사람 자신
	[克己 극기] 감정, 욕심을 의지로 눌러 이김

0727 蟲	벌레 충 | 虫 | 총 18획 [4II급]
	[寄生蟲 기생충] 다른 동물에 붙어사는 벌레
	[害蟲 해충] 인간에게 해를 끼치는 벌레

0728 充	채울 충 | 儿 | 총 5획 [5급]
	[充滿 충만] 가득하게 참
	[充分 충분] 넉넉함. '그 정도면 충분하다'

"꿍스~ 꿍스꿍스~ 쿵쿵따리~ 쿵쿵따~ 쿵쿵따리~ 쿵쿵따!"

입동 (立冬) 쿵쿵따 **동조자** (同調者) 쿵쿵따 **자기** (自己) 쿵쿵따
기생충 (寄生蟲) 쿵쿵따 **충만** (充滿) 쿵쿵따 **만년설** (萬年雪) 쿵쿵따
설득 (說得) 쿵쿵따 득…….

"윽!" 갑작스러운 '득'의 등장(登場)에 당황한 한석이.

"꿍스~ 꿍스꿍스~ 쿵쿵따리~ 쿵쿵따~ 쿵쿵따리~ 쿵쿵따!!"

무책임 (無責任) 쿵쿵따 **임용** (任用) 쿵쿵따 **용감성** (勇敢性) 쿵쿵따
성묘 (省墓) 쿵쿵따 묘…….

0729 滿	찰 만(:) | 水 | 총 13획 **4Ⅱ급** [滿了 만료] 기한이 다 차서 끝남 [滿月 만월] 보름달
0730 雪	눈 설 | 雨 | 총 11획 **6급** [萬年雪 만년설] 녹지 않고 쌓여 있는 눈 [暴雪 폭설] 갑자기 많이 내리는 눈
0731 得	얻을 득 | 彳 | 총 11획 **4Ⅱ급** [說得 설득] 상대편 깨우쳐 따르게 말함 [得失 득실] 이익과 손해
0732 責	꾸짖을 책 | 貝 | 총 11획 **5급** [無責任 무책임] 책임감이 없음 [責望 책망] 잘못을 나무라며 못마땅해 함
0733 任	맡길 임(:) | 人 | 총 6획 **5급** [任務 임무] 맡겨진 일 [任用 임용] 직무를 맡기어 사람을 씀
0734 勇	날랠 용: | 力 | 총 9획 **6급** [勇敢性 용감성] 용기 있고 기운찬 성질 [勇猛 용맹] 용감하고 사나움
0735 敢	감히/구태여 감: | 攴 | 12획 **4급** [果敢 과감] 용기와 견단성이 있음 [敢行 감행] 과감하게 실행함
0736 省	살필 성 / 덜 생 | 目 | 총 9획 **6급** [省墓 성묘] 조상의 산소를 찾아가서 돌봄 [省略 생략] 일부를 줄이거나 뺌

연거푸 실수한 한석이가 한탄하듯 말했다.

"으음……. 한자(漢字)는 역시 어려워!"

점점 기운을 차려가는 재석이의 등 뒤로 아름다운 해가 뉘엿뉘엿 저물고 있었다.

0737 墓 무덤 묘: | 土 | 총 14획 4급
[墓地 묘지] 무덤
[墓碑銘 묘비명] 묘비에 새긴 글

0738 援 도울 원: | 水 | 총 12획 4급
[援助 원조] 물품, 돈 따위로 도와줌
[支援 지원] 지지해 도움

0739 造 지을 조: | 辵 | 총 11획 4Ⅱ급
[造林地 조림지] 인위적으로 숲을 이룬 땅
[構造 구조] 부분, 요소가 전체를 짜 이룸

0740 識 알 식 / 표할 지 | 言 | 총 19획 5급
[知識 지식] 대상에 대한 명확한 인식
[識者 식자] 학식, 견식, 상식이 있는 사람

0741 木 나무 목 | 木 | 총 4획 8급
[植木日 식목일] 나무를 심고 가꾸는 날
[木造 목조] 나무로 만든 구조물

0742 周 두루 주 | 口 | 총 8획 4급
[一周 일주] 일정한 경로를 한 바퀴 돎
[周忌 주기] 사람이 죽은 뒤 돌아오는 햇수

0743 朱 붉을 주 | 木 | 총 6획 4급
[朱子學 주자학] 주자가 집대성한 학문
[印朱 인주] 도장 찍을 때 쓰는 붉은 재료

0744 堂 집 당 | 土 | 총 11획 6급
[學堂 학당] 개화기 때 학교를 이르던 말
[講堂 강당] 강연, 강의, 의식 때 쓰는 건물

"**저**리 비켜 봐."

할머니의 일손을 도와 드리기로 한 4인방은 새벽같이 일어나 이를 닦네, 세수를 하네, 마당에서 법석을 피우는 중이다.

"야, 새벽 공기 정말 좋다. 이렇게 일찍 일어나 본 게 얼마 만인 지 몰라."

휘재가 공기를 들이마시며 말했다. 아직 잠이 덜 깬 재석이가 논두렁에 빠질까 봐 재석이의 뒷덜미를 잡고 오던 호동이도 휘재의 말에 코를 벌름거리며 심호흡을 했다.

할머니께서 기르시는 돼지 막사(幕舍)에 도착한 4인방.

갑자기 재석이가 눈을 번쩍 떴다.

아마도 코를 찌르는 듯한 냄새 때문이었으리라.

한석이가 나지막한 목소리로 말했다.

"예전에는 저기 안 보이는 데까지 돼지를 가득 길렀어. 양돈(養豚) 농가(農家)로 꽤 이름을 떨쳤는데, 이제는 유명무실(有名無實)해졌지 뭐. 모두 도시(都市)로 떠나고……."

4인방은 허리가 굽은 할머니가 묵묵히 일하시는 모습을 지켜 보며 왠지 숙연해졌다.

호동이가 갑자기 밝은 표정으로 말했다.

"할머니! 뭘 도와 드릴까요? 저희, 힘 좋아요. 많이많이 시켜 주세요!"

할머니는 한사코 말리셨지만 4인방은 우리를 치우고, 여물을 먹이는 일에 나섰다.

어디에선가 보자기를 구해 와 입과 코를 막은 재석이. 한석이가 익숙하게 돼지들을 한쪽으로 몰고, 호동이와 휘재가 오물을 쓸어 냈다.

"자, 새 보금자리야."

보송보송한 짚을 깔아 주고 먹이를 주는 일을 마친 4인방은, 저마다 냄새 때문에 코를 막으면서도 서로가 대견한 듯 마주 보며 배시시 웃었다.

"야, 돼지 우리 안에서 하는 쿵쿵따는 더 재미있을 것 같지 않아? 우리 쿵쿵따 게임에서 진 사람이 돼지한테 뽀뽀하기로 하자!"

갑작스러운 한석이의 제안.

"야, 무슨 더럽게 돼지랑 뽀뽀를 해!"

호동이가 도리질을 하자 재석이가 놀렸다.

"형은 참, 삼겹살이라면 사족을 못쓰면서. 뭐가 더럽냐? 야, 하지 말자, 하지 마. 어차피 형이 돼지랑 뽀뽀하게 될 텐데."

재석이의 놀림에 발끈 달아오른 호동이가 게임을 진행했다.

"나, 한석이, 휘재, 재석이의 순(順)이야. 제시어는 **유명무실**(有名無實). 지는 사람은 돼지랑 뽀뽀하는 거다!"

두려운 눈길로 돼지를 바라보며 결의(決意)를 다지는 4인방.

有名無實 유명무실

이름만 그럴 듯하고 실속은 없음

0745 故

연고 고(:) | 口 | 총 9획 [4Ⅱ급]

[有故 유고] 탈이나 사고가 있음
[故人 고인] 죽은 사람. '고인을 추모하다'

0746 固

굳을 고 | 口 | 총 8획 [5급]

[固有語 고유어] 어떤 독특한 말
[固着 고착] 현상이 굳어져 변하지 않음

0747 根

뿌리 근 | 木 | 총 10획 [6급]

[語根 어근] 단어의 실제 의미인 중심 부분
[毛根 모근] 털이 피부에 박힌 부분

0748 筋

힘줄 근 | 竹 | 총 12획 [4급]

[筋肉質 근육질] 지방이 없이 단단한 체질
[筋力 근력] 근육의 힘

0749 肉

고기 육 | 肉 | 총 6획 [4Ⅱ급]

[肉體 육체] 물체로서 사람의 몸
[肉質 육질] 고기의 품질

0750 走

달릴 주 | 走 | 총 7획 [4Ⅱ급]

[疾走 질주] 빨리 달림
[競走 경주] 달리기로 빠르기를 겨룸

0751 晝

낮 주 | 日 | 총 11획 [6급]

[晝夜間 주야간] 주간과 야간
[白晝 백주] 대낮

“꿍스~ 꿍스꿍스~ 쿵쿵따리~ 쿵쿵따~ 쿵쿵따리~ 쿵쿵따!”
유고(有故) 쿵쿵따 **고유어**(固有語) 쿵쿵따 **어근**(語根) 쿵쿵따
근육질(筋肉質) 쿵쿵따 **질주**(疾走) 쿵쿵따 **주야간**(晝夜間) 쿵쿵따
간략(簡略) 쿵쿵따 략…….

“아, 이런!”

재석이가 돼지를 쳐다보며 도리질을 쳤다.

“꿍스~ 꿍스꿍스~ 쿵쿵따리~ 쿵쿵따~ 쿵쿵따리~ 쿵쿵따!”
명승지(名勝地) 쿵쿵따 **지정**(指定) 쿵쿵따 **정원사**(庭園師) 쿵쿵따
사격(射擊) 쿵쿵따 격…….

0752 簡　대쪽/간략할 간(:) | 竹 | 총 18획　**4급**
[簡略 간략] 간단하고 단출함
[簡素 간소] 간략하고 수수함

0753 略　간략할/약할 략 | 田 | 총 11획　**4급**
[略式 약식] 절차를 줄인 간단한 방식
[略稱 약칭] 정식 명칭을 간략히 줄임

0754 勝　이길 승 | 力 | 총 12획　**6급**
[名勝地 명승지] 경치가 좋기로 이름난 곳
[勝利 승리] 겨루어서 이김

0755 定　정할 정: | 宀 | 총 8획　**6급**
[指定 지정] 가리켜 정함
[確定 확정] 일을 확실하게 정함

0756 庭　뜰 정 | 广 | 총 10획　**6급**
[庭園師 정원사] 정원을 가꾸는 직업
[校庭 교정] 학교의 마당이나 운동장

0757 園　동산 원 | 囗 | 총 13획　**6급**
[公園 공원] 공공 단체가 만든 휴양 시설
[花園 화원] 꽃을 심은 동산

0758 射　쏠 사(:) | 寸 | 총 10획　**4급**
[射擊 사격] 총, 대포, 활 따위를 쏨
[速射 속사] 총 따위를 계속해 빨리 쏨

0759 題　제목 제 | 頁 | 총 18획　**6급**
[無題 무제] 제목이 없음
[題目 제목] 내용을 대표하는 이름

"오, 하느님 맙소사!"

연패(連敗)를 하고 만 재석이는 다시 한번 돼지를 슬쩍 보더니 고개를 흔들고 두 주먹을 불끈 쥔 채 게임에 임(臨)했다.

"꿍스~ 꿍스꿍스~ 쿵쿵따리~ 쿵쿵따~ 쿵쿵따리~ 쿵쿵따!"
무제(無題) 쿵쿵따 제초제(除草劑) 쿵쿵따 제사(祭祀) 쿵쿵따
사무국(事務局) 쿵쿵따 국보(國寶) 쿵쿵따 보급소(普及所) 쿵쿵따
소년(少年) 쿵쿵따…….

박수를 치는 재석과 돼지를 바라본 후 차라리 눈을 감고 마는 휘재. 과연 재석이는 벼랑 끝에서 기사회생(起死回生)할 수 있을까?

0760 除	덜 제 | 阜 | 총 10획 4Ⅱ급	0764 普	넓을 보: | 日 | 총 12획 4급
	[除草劑 제초제] 잡초만을 없애는 약 [控除 공제] 몫에서 일정 금액, 수량을 뺌		[普及所 보급소] 신문을 배달하는 곳 [普遍 보편] 모든 것에 공통됨
0761 祭	제사 제: | 示 | 총 11획 4Ⅱ급	0765 少	적을 소: | 小 | 총 4획 7급
	[祭祀 제사] 넋에게 음식을 바쳐 치성 드림 [祭禮 제례] 제사를 지내는 예법		[少年 소년] 성숙하지 않은 어린 사내 [多少 다소] 분량, 정도의 많음과 적음
0762 局	판 국 | 尸 | 총 7획 5급	0766 勢	형세 세: | 力 | 총 13획 4Ⅱ급
	[事務局 사무국] 단체의 사무를 보는 국 [局長 국장] 국을 맡아 다스리는 직위		[實勢 실세] 실제의 세력이나 기운 [勢力 세력] 어떤 속성, 힘을 가진 집단
0763 寶	보배 보: | 宀 | 총 20획 4Ⅱ급	0767 洗	씻을 세: | 水 | 총 9획 5급
	[國寶 국보] 나라에서 지정한 문화재 [寶石 보석] 아름답고 희귀한 광물		[洗濯機 세탁기] 빨래하는 기계 [洗顏 세안] 얼굴을 씻음

"꿍스~ 꿍스꿍스~ 쿵쿵따리~ 쿵쿵따~ 쿵쿵따리~ 쿵쿵따!"
실세(實勢) 쿵쿵따 세탁기(洗濯機) 쿵쿵따 기피(忌避) 쿵쿵따
피뢰침(避雷針) 쿵쿵따 침대(寢臺) 쿵쿵따 대포(大砲) 쿵쿵따
포고령(布告令) 쿵쿵따 영웅(英雄) 쿵쿵따 웅자(雄姿) 쿵쿵따……

'침대' 다음에 슬쩍 '대포'로 끝말을 이어 넣고 아무도 눈치 채지 못하자 킥킥 웃던 재석이가 그만 자신의 차례를 놓치고 말았다.

돼지 우리에 들어간 재석이는 정녕 어떻게 되었을까?

이리저리 쫓겨 다니던 재석이는 넘어지면서 엉겁결에 돼지 엉덩이에 뽀뽀를 하고 말았다.

0768 避 피할 피: | 辶 | 총 17획 [4급]
[忌避 기피] 꺼리거나 싫어해 피함
[避難 피난] 재난을 피해 멀리 옮겨 감

0769 針 바늘 침(:) | 金 | 총 10획 [4급]
[避雷針 피뢰침] 벼락을 막기 위한 쇠막대기
[長針 장침] 긴 바늘

0770 寢 잘 침: | 宀 | 총 14획 [4급]
[寢臺 침대] 누워 잘 수 있게 만든 가구
[寢室 침실] 잠을 자는 방

0771 砲 대포 포: | 石 | 총 10획 [4Ⅱ급]
[大砲 대포] 포탄을 내쏘는 무기
[砲兵 포병] 포 사격을 맡은 군대, 군인

0772 布 베 포(:) / 보시 보: | 巾 | 총 5획 [4Ⅱ급]
[布告令 포고령] 내용을 널리 알리는 법령
[布施 보시] 남에게 재물이나 불법을 베풂

0773 告 고할 고: | 口 | 총 7획 [5급]
[報告 보고] 내용, 결과를 말과 글로 알림
[忠告 충고] 결함, 잘못을 진심으로 타이름

0774 雄 수컷 웅 | 隹 | 총 12획 [5급]
[英雄 영웅] 용맹하고 뛰어난 사람
[雌雄 자웅] 암수의 뜻으로 승부를 비유함

0775 姿 모양 자: | 女 | 총 9획 [4급]
[雄姿 웅자] 웅장한 모습
[姿態 자태] 고운 맵시나 태도

"**조**심해서 가거라. 다음에도 꼭 놀러오고……"

할머니는 4인방의 손을 하나하나 잡아 주시며 애틋한 작별(作別)을 아쉬워하셨다.

"놀지도 못하고 일 도와 주느라 고생(苦生)만 했으니, 미안해서 어쩌지? 어쩜 그렇게 일도 잘 하는지."

할머니가 듬직한 호동이의 어깨를 토닥거리며 말씀하셨다.

"어머, 할머니. 제가 원래 팔방미인(八方美人)이에요. 못 하는 게 없답니다. 호호호."

호동이가 촐싹대며 자화자찬(自畵自讚)을 하느라 정신(精神)이 없자, 휘재와 한석이와 재석이는 고개를 설레설레 흔들고는 할머니께 작별 인사를 드렸다.

"할머니, 다음에 또 올 게요."

"할머니, 건강하세요."

"할머니, 전화(電話) 드릴 게요."

할머니는 고개를 끄덕이시며 이런저런 먹거리를 가득 싸 주셨다. 그리

고 오랫동안 집 앞에서 손을 흔들어 주셨다.

4인방도 계속 뒤를 돌아보며 손을 흔들었다.

기차 역으로 향하는 4인방의 발걸음은 무겁기만 하다. "어! 형! 우는 거야?" 재석이가 호동이를 툭 치며 물었다.

"회자정리(會者定離)라고, 만나면 헤어지기 마련인데, 왜 이렇게 서운할까?"

호동이의 말에 모두들 고개를 끄덕이며 묵묵히 걷고 있는데, 갑자기 익살스러운 표정(表情)으로 재석이가 말했다.

"가방 들어 주기 쿵쿵따 게임! 어때?"

"싫어!"

올 때와 달리 가방이 홀쭉해진 호동이가 도리질을 쳤다. 가득 들어 있던 간식(間食)이 마침내 바닥이 난 것이다.

"에이, 그런 게 어딨어! 해! 해! 해! 안 하면 형의 소심(小心)함이 만천

하에 드러나는 거야!"

결국 기차 여행을 마무리하는 쿵쿵따 게임이 시작되었다.

한석, 재석, 휘재, 호동의 순서. 제시어는 **팔방미인**(八方美人).

"앗! 병!"

호동의 말이 끝나기도 전에 갑자기 모두들 호동에게 가방을 던지고 도

八方美人 팔방미인

여러 방면에 능통한 사람

0776 出
날 출 | 凵 | 총 5획 **7급**
[八不出 팔불출] 몹시 어리석은 사람
[出口 출구] 밖으로 나갈 수 있는 통로

0777 仕
섬길 사: | 人 | 총 5획 **5급**
[出仕 출사] 벼슬을 해 관청에 출근함
[奉仕 봉사] 남을 위해 힘을 바쳐 애씀

0778 非
아닐 비: | 非 | 총 8획 **4Ⅱ급**
[似而非 사이비] 겉은 비슷하나 속은 다름
[非理 비리] 올바른 도리에서 어긋남

0779 飛
날 비 | 飛 | 총 9획 **4Ⅱ급**
[飛上 비상] 날아오름
[雄飛 웅비] 기운차고 용기 있게 활동함

0780 相
서로 상 | 目 | 총 9획 **5급**
[相談室 상담실] 상담을 하는 방
[相互 상호] 상대가 되는 이쪽과 저쪽

0781 敗
패할 패: | 攴 | 총 11획 **5급**
[失敗 실패] 일이 그르침
[敗者 패자] 싸움이나 경기에 짐

0782 殘
남을 잔 | 歹 | 총 12획 **4급**
[敗殘兵 패잔병] 패전에서 살아남은 병사
[殘業 잔업] 노동 시간이 끝나고 하는 노동

망을 가기 시작했다.

"야! 거기 안 서!"

재석과 한석이와 휘재는 가방에 깔린 호동을 보며 배꼽을 쥐고 웃다가 다시 돌아왔다. 호동이부터 시작!

막 '인생관(人生觀)'이라고 말하려던 한석은 갑자기 날아오는 가방들에 짓눌리며 채 말을 잇지 못했다.

0783 方 방향/모 방 | 方 | 총 4획 | 7급
[方針 방침] 일을 치러 나갈 방향과 계획
[方向 방향] 목표를 향해 나가는 쪽

0784 侵 침노할 침 | 人 | 총 9획 | 4Ⅱ급
[侵略軍 침략군] 다른 나라를 침범한 군대
[侵入 침입] 침범해 들어가거나 들어옴

0785 群 무리 군 | 羊 | 총 13획 | 4급
[群島 군도] 무리를 이룬 크고 작은 섬들
[群衆 군중] 한곳에 모인 많은 사람

0786 島 섬 도 | 山 | 총 10획 | 5급
[落島 낙도] 육지에서 동떨어진 섬
[列島 열도] 줄지어 있는 여러 개의 섬

0787 視 볼 시: | 見 | 총 12획 | 4Ⅱ급
[度外視 도외시] 상관하지 않거나 무시함
[視線 시선] 눈의 방향

0788 詩 시 시 | 言 | 총 13획 | 4Ⅱ급
[詩人 시인] 시를 전문적으로 짓는 사람
[詩選 시선] 시를 뽑아 모은 책

0789 松 소나무 송 | 木 | 총 8획 | 4급
[美松 미송] 북아메리카 산 소나무
[松花 송화] 소나무의 꽃가루

0790 竹 대 죽 | 竹 | 총 6획 | 4Ⅱ급
[松竹梅 송죽매] 소나무, 대나무, 매화나무
[竹田 죽전] 대밭

"아아악!"

겨우 가방들을 뚫고 나온 한석이는 어이가 없는지 피식 웃고 말았다.

갑자기 재석이가 도망을 가기 시작했다. 그러나 아무도 자신을 부르지 않자, 슬그머니 머쓱하게 돌아온 재석. 정녕 이 게임 최후의 패자는 누구일 것인가?

0791 賣 팔 매(:) | 貝 | 총 15획 **5급** [賣買 매매] 물건을 팔고 사는 일 [販賣 판매] 상품 따위를 팖	**0795 缺** 이지러질 결 | 缶 | 총 10획 **4Ⅱ급** [缺損金 결손금] 수입보다 지출이 많은 손실 [缺食 결식] 끼니를 거름
0792 買 살 매: | 貝 | 총 12획 **5급** [都買 도매] 낱개로 사지 않고 모아서 삼 [買入 매입] 물품 따위를 사들임	**0796 損** 덜 손: | 手 | 총 13획 **4급** [損失 손실] 잃어버리거나 손해를 봄 [損害 손해] 물질적, 정신적으로 밑짐
0793 每 매양 매(:) | 毋 | 총 7획 **7급** [每時間 매시간] 한 시간 한 시간 마다 [每番 매번] 각각의 차례. 번번이	**0797 今** 이제 금 | 人 | 총 4획 **6급** [今時 금시] 바로 지금 [只今 지금] 말하는 바로 이때
0794 潔 깨끗할 결 | 水 | 총 15획 **4Ⅱ급** [簡潔 간결] 간단하고 깔끔함 [純潔 순결] 잡된 것이 섞이지 않고 깨끗함	**0798 時** 때 시 | 日 | 총 10획 **7급** [時計 시계] 시각을 나타내는 기계 [時限 시한] 끝을 정한 기간이나 시각

아직 휘재만이 한 번도 지지 않았다.

"악!"

휘재의 말이 끝나기도 전에 눈을 맞춘 재석이와 호동이와 한석이가 다 짜고짜 휘재에게 가방을 던지고 뛰어갔다.

즐겁게 쿵쿵따 게임을 한 후 기차 역을 향해 가는 4인방의 뒷모습이 왠지 내려올 때보다 한층 성숙(成熟)해 보였다.

0799 빌공 | 穴 | 총 8획 **7급**

空

[時空間 시공간] 사차원의 세계
[空欄 공란] 글자 없이 비워 둔 칸, 줄

0800 볼간 | 目 | 총 9획 **4급**

看

[看過 간과] 대충 보아 넘김
[看破 간파] 속내를 꿰뚫어 알아차림

0801 하/할 위(:) | 爪 | 총 12획 **4Ⅱ급**

爲

[人爲 인위] 사람의 힘으로 이루어지는 일
[營爲 영위] 일을 꾸려 나감

0802 클위 | 人 | 총 11획 **5급**

偉

[偉人傳 위인전] 훌륭한 사람의 전기
[偉力 위력] 위대한 힘

0803 펼전: | 尸 | 총 10획 **5급**

展

[展示 전시] 물품을 한곳에 벌여 놓고 보임
[展開 전개] 내용을 진전시켜 펴 나감

0804 보일 시: | 示 | 총 5획 **5급**

示

[示威 시위] 위력이나 기세를 떨쳐 보임
[示範 시범] 모범을 보임. '태권도 시범'

0805 저자 시: | 巾 | 총 5획 **7급**

市

[市街地 시가지] 도시의 큰 길거리 지역
[市場 시장] 상품을 사고파는 일정한 장소

0806 잡을 조(:) | 水 | 총 16획 **5급**

操

[志操 지조] 끝까지 꿋꿋한 의지
[操作 조작] 기계를 방식에 따라 다룸

알쏭달쏭 사자성어(四字成語) 익히기

- **家家戶戶 (가가호호)**　집집마다.
- **街頭宣傳 (가두선전)**　확성기 등을 이용해 거리에 나서서 하는 선전.
- **假裝行列 (가장행렬)**　운동회나 축제 따위에 여러 사람이 갖가지 모습으로 가장하고 줄지어 가는 일.
- **刻骨難忘 (각골난망)**　은혜가 뼈에 새겨져 잊혀지지 않음.
- **各樣各色 (각양각색)**　서로 다른 모양이나 빛깔. 가지가지.
- **甘言利說 (감언이설)**　남의 비위를 맞추는 달콤한 말과 이로운 조건만 들어 그럴 듯하게 꾸미는 말.
- **甲骨文字 (갑골문자)**　거북의 등딱지나 짐승의 뼈에 새긴, 중국 고대의 상형 문자. 은허 문자(殷墟文字).
- **去頭截尾 (거두절미)**　머리와 꼬리를 잘라 버린다. 요점만 남기고 앞뒤의 사설을 빼어 버림을 이르는 말.
- **激化一路 (격화일로)**　점점 격렬해져 감.
- **犬馬之勞 (견마지로)**　개나 말 정도의 하찮은 힘. 윗사람을 위해 바치는 자기의 노력을 겸손하게 이르는 말.
- **結草報恩 (결초보은)**　죽어 혼령이 되어서라도 은혜를 잊지 않고 갚는다. 은혜를 입은 사람이 혼령이 되어, 풀포기를 묶어 놓아 적이 걸려 넘어지게 함으로써, 은인을 구해 주었다는 중국 춘추 시대, 진나라 위과(魏顆)의 고사에서 유래함.
- **輕擧忘動 (경거망동)**　깊이 생각하지 않고 경솔하게 함부로 행동함. 조동(躁動).
- **敬天勤民 (경천근민)**　하늘을 공경하고 백성을 다스리는 데에 부지런함.
- **傾國之色 (경국지색)**　임금이 국정을 게을리 해 나라를 위태롭게 할 정도로 뛰어난 미녀.
- **驚天動地 (경천동지)**　하늘이 놀라고 땅이 흔들린다는 뜻. 세상을 크게 놀라게 함.
- **鷄口牛後 (계구우후)**　'소의 꼬리보다는 닭의 부리가 되라'는 뜻으로, 큰 단체의 꼴찌보다는 작은 단체의 우두머리가 되는 편이 낫다는 말.
- **孤立無援 (고립무원)**　고립되어 주위로부터 도움을 받을 데가 없음.
- **高山流水 (고산유수)**　높은 산과 그 곳에 흐르는 물(맑은 자연을 형용하는 말).

● 苦盡甘來 (고진감래) 쓴 것이 다하면 단 것이 온다는 뜻. 고생 끝에 즐거움이 옴.

● 空山明月 (공산명월) 산 위에 비치는 밝은 달.

● 公平無私 (공평무사) 어떤 일을 판단하는 데 있어 공평하고 사사로움이 없음.

● 九折羊腸 (구절양장) 아홉 번 꼬부라진 양의 창자. 산길 따위가 몹시 험하게 꼬불꼬불한 것을 이르는 말.

● 舊態依然 (구태의연) 변하거나 진보 · 발전 없이, 옛 모습 그대로임.

● 捲土重來 (권토중래) 한 번 싸움에 패한 사람이 힘을 길러 땅을 휘말듯 쳐들어 옴. 한 번 실패를 한 사람이 다시 분발하여 성공함.

● 起死回生 (기사회생) 죽음에서 일어나 다시 살아남. 다 죽게 되었다가 다시 살아난다는 뜻.

● 奇想天外 (기상천외) 보통 사람들이 짐작할 수 없을 만큼 생각이 기발하고 엉뚱함.

● 氣盡脈盡 (기진맥진) 기력이 다하고 맥이 풀림.

● 洛洛長松 (낙락장송) 가지가 늘어진 큰 소나무.

● 難兄難弟 (난형난제) 어느 편이 더 낫다고 말할 수 없는 경우.

● 多多益善 (다다익선) 많으면 많을수록 좋다.

● 大驚失色 (대경실색) 몹시 놀라서 얼굴이 하얗게 질림.

● 同名異人 (동명이인) 이름은 같으나 사람이 다름, 또는 그런 사람.

● 同族相殘 (동족상잔) 같은 겨레끼리 서로 싸우고 죽이는 일. 민족상잔(民族相殘).

● 斗酒不辭 (두주불사) 말술도 사양하지 않음. 주량이 매우 큼을 이르는 말.

● 馬耳東風 (마이동풍) 말 귀에 봄바람. 남의 말을 조금도 귀담아 듣지 않고 무관심하게 흘려 버림.

● 明鏡止水 (명경지수) 맑은 거울과 고요한 물. 맑고 고요한 심경(心境)을 이르는 말.

● 無骨好人 (무골호인) 뼈 없이 좋은 사람. 곧 지극히 순해 남의 비위에 두루 맞는 사람을 이르는 말.

● 無爲徒食 (무위도식) 하는 일이 없고 먹고 놀기만 함. 유수도식(遊手徒食).

● 半信半疑 (반신반의) 반쯤은 믿고 반쯤은 의심함. 믿어야 할지 말아야 할지 모르는 입장을 이름.

● 百家爭鳴 (백가쟁명) 많은 학자나 논객이 거리낌없이 자유로이 논쟁하는 일.

◐ 複雜多端 (복잡다단)　얽히고 설킨 일 때문에 갈피를 잡기 어려움.

◑ 山海珍味 (산해진미)　산과 바다에서 나는 온갖 귀한 먹거리로 만들어 상에 차린 맛 좋은 음식.

◑ 殺身成仁 (살신성인)　옳은 일을 위해 자기 몸을 희생함.

◑ 世俗五戒 (세속오계)　신라 진평왕 때, 원광 법사(圓光法師)가 지은 화랑의 계명. 사군이충(事君以忠)·사친이효(事親以孝)·교우이신(交友以信)·임전무퇴(臨戰無退)·살생유택(殺生有擇)의 다섯 가지.

◑ 所願成就 (소원성취)　바라던 바가 이루어짐.

◑ 送舊迎新 (송구영신)　묵은해를 보내고 새해를 맞음.

◑ 身邊雜記 (신변잡기)　자기 주위에서 일어나는 여러 가지 일을 적은 수필체의 글.

◑ 心機一轉 (심기일전)　어떤 동기에 의해 지금까지 품었던 생각과 마음의 자세를 완전히 바꿈.

◑ 惡戰苦鬪 (악전고투)　불리한 상황에서 우세한 적을 상대로 죽을힘을 다하여 싸움. 어려운 상황에서 고통을 이겨내기 위해 노력하는 것을 비유함.

◑ 兩者擇一 (양자택일)　둘 중 하나를 선택함.

◑ 言中有骨 (언중유골)　예사로운 말이나 살펴보면 그 속에 뼈 같은 단단한 속뜻이 들어 있음.

◑ 嚴正中立 (엄정중립)　어느 한쪽으로도 치우치지 않고 중립의 위치를 굳게 지키는 일.

◑ 易地思之 (역지사지)　처지를 바꾸어 생각함. 상대편의 입장에서 생각해 봄.

◑ 五穀百果 (오곡백과)　온갖 곡식과 과실.

◑ 用意周到 (용의주도)　마음의 준비가 두루 미쳐 빈 틈이 없음.

◑ 危機一髮 (위기일발)　눈 앞에 닥친 위기의 순간. 위여일발(危如一髮).

◑ 意氣投合 (의기투합)　서로 마음이 맞음.

◑ 異口同聲 (이구동성)　여러 사람의 말이 한결같음. 여출일구(如出一口).

◑ 利用厚生 (이용후생)　기구 따위를 편리하게 하고, 의식(衣食)을 풍부하게 하여 생활을 윤택하게 함.

◑ 離合集散 (이합집산)　헤어졌다가 모였다가 함.

◑ 一罰百戒 (일벌백계)　여러 사람에게 경각심을 불러일으키기 위해 무거운 벌로 다스리는 일.

◐ 一絲不亂 (일사불란)　질서나 체계가 정연해 조금도 흐트러지거나 어지러운 데가 없음.

◐ 一喜一悲 (일희일비)　기쁜 일과 슬픈 일이 번갈아 일어남.

◐ 姉妹結緣 (자매결연)　어떤 지역이나 단체가 다른 지역이나 단체와 상호 교류를 목적으로 밀접한 관계를 맺는 일.

◐ 適者生存 (적자생존)　생존 경쟁의 결과, 환경에 적응하는 생물만이 살아남고, 그렇지 못한 것은 멸망하는 현상. 우승열패(優勝劣敗).

◐ 絶海孤島 (절해고도)　육지에서 멀리 떨어진 외딴섬.

◐ 走馬看山 (주마간산)　달리는 말 위에서 산천을 구경함. 사물의 겉만을 대강 보고 지나감.

◐ 直系尊屬 (직계존속)　조상으로부터 자신에 이르기까지 이어 내려온 혈족. 부모ㆍ조부모ㆍ증조부모 등.

◐ 直射光線 (직사광선)　다른 물체에 반사되거나 가려지지 않고 직접 비치는 광선. 특히 그런 햇빛.

◐ 千差萬別 (천차만별)　여러 가지 사물에 차이와 구별이 많음.

◐ 千態萬象 (천태만상)　모든 사물이 제각기 다른 모습을 하고 있음.

◐ 千篇一律 (천편일률)　여러 시문(詩文)의 글귀가 모두 비슷비슷해 변화가 없음. 사물이 모두 한결같아서 변화가 없음을 비유함.

◐ 他山之石 (타산지석)　다른 산의 하찮은 돌도 자기의 옥을 가는 데 쓰임. 다른 사람의 하찮은 언행도 자기의 지덕을 연마하는 데 도움이 됨.

◐ 卓上空論 (탁상공론)　현실성이 없는 허황한 이론이나 논의.

◐ 風樹之嘆 (풍수지탄)　효도를 다하지 못한 채 어버이를 여윈 자식의 슬픔을 이르는 말.

◐ 必有曲折 (필유곡절)　반드시 무슨 까닭이 있음.

◐ 虛張聲勢 (허장성세)　실속은 없으면서 허세로만 떠벌림.

◐ 賢人君子 (현인군자)　현인과 군자. 어진 사람을 두루 이르는 말.

◐ 會者定離 (회자정리)　만난 사람은 반드시 헤어지게 됨을 이름. 불교에서는 만남과 헤어짐이 덧없는 일이라는 뜻으로 쓰이지만, 일반적으로는 헤어짐을 아쉬워한다는 뜻으로 쓰임.

◐ 喜色滿面 (희색만면)　얼굴에 기쁜 빛이 가득함.

한자 퍼즐 ⑤

가로 열쇠

1 여럿이 마음을 합쳐 한 덩어리로 굳게 뭉침. "우리들은 ○○○○하여 나라의 독립을 위해 노력해야 할 것이다."

3 열차, 버스, 극장 따위에서 지정된 자리가 없어 서서 타거나 구경하는 자리. "좌석이 매진되고 남아 있는 자리는 ○○밖에 없었다."

4 많은 사람이 모일 수 있게 거리에 만들어 놓은, 넓은 빈 터. "환영 인파가 ○○을 메우다."

5 학교의 마당이나 운동장. 방학 중이라 ○○은 쓸쓸히 비어 있었다.

7 ① 꽃을 심은 동산. ② 꽃을 파는 가게.

9 나무로 가구, 창틀 따위의 물건을 만드는 곳.

11 정해진 봉급 이외에 따로 주는 보수. "시간외 ○○을 지급하다."

14 국무를 나누어 맡아 처리하는 행정 각 부의 우두머리. '행정자치부 ○○.'

16 ① 한 나라의 국민이 쓰는 말. ② 우리 나라의 언어.

세로 열쇠

2 많은 사람들이 한 곳에 앉을 수 있도록 마련한 자리.

3 장내로 들어감. "잠시 후 신랑 유재석 군의 ○○이 있겠습니다."

5 한 학교를 상징하는 꽃. "우리 학교의 ○○는 무궁화입니다."

8 나무를 심는 일. 4월 5일은 ○○일.

10 일정한 단체나 기관에 딸림. 또는 그 딸린 곳. '서울시 ○○의 공무원.'

12 선거에서 뽑힌 사람.

13 배의 항해와 배 안의 모든 사무를 책임지고 선원들을 통솔하는 최고 책임자.

15 자기 나라가 아닌 다른 나라.

☞ 정답은 245쪽

6

쿵쿵따 4인방의
까치까치 설날

쿵쿵따 4인방의 까치까치 설날

설날 아침.
쿵쿵따 네 친구는 서로의 집으로 세배(歲拜)를 하러 가기 위해 동네 놀이터에 모였다.

한석이가 한사람 한사람의 얼굴을 바라보다 웃으며 말했다.

"오, 모두들 오늘 따라 왠지 어른스러워 보이는 걸?"

"그야 물론, 떡국을 한 그릇씩 먹었기 때문이지. 우하하!"

아침에 맛있는 떡국을 먹고 두둑해진 배를 두드리며 재석이가 대꾸했다.

얘기를 듣고 있던 호동이가 재빨리 나섰다.

"이 녀석들. 아무리 그래도 내가 형이라는 사실은 변하지 않아."

이번에는 휘재가 말했다.

"에이, 우리 엄마 말씀에 따르면, 떡국 두 그릇 먹으면 두 살 더 먹는 거고, 세 그릇 먹으면 세 살 더 먹는 거라던데?"

그래서 휘재는, 벌써부터 나이를 많이 먹을 필요(必要)는 없다는 어머님 말씀 때문에 한 그릇밖에 먹지 않았다고 말했다.

휘재의 말에 호동이는 기가 막히다는 듯 쏘아 붙였다.

"쳇, 말도 안 돼. 그럼, 내가 지금까지 먹은 떡국 양(量)을 합치면 나는 벌써 할아버지가 되고도 남았어야 하는 거냐?"

옆에서 듣고 있던 재석이와 한석이는, 맞는 말이라는 듯 박수(拍手)를 치며 깔깔거렸다.

이 때, 네 친구 중 키가 제일 작아서 항상 고민하던 한석이가, 해가 갈수록 자신의 키가 쑥쑥 자라는 것에 기뻐하며 기분(氣分) 좋은 투로 얘기했다.

"우리가 이렇게 한 살씩 먹으며 점점 더 어른스러워진다는 사실(事實)이 난 그저 기쁠 뿐이야. 헤헤헤."

"흠흠……. 그래, 한석아. 어서 자라서 나처럼 훌륭한 어른이 되기를 바란다. 푸하하."

호동이가 장난스럽게 받아쳤다.

그 때, 스스로 쿵쿵따의 달인(達人)이라 뽐내던 재석이가 크게 소리쳤다.

"아! 그러지 말고, 새해 첫 날인데, 우리 **근하신년**(謹賀新年)이라는 제시어(提示語)로 쿵쿵따 게임이나 한판 하는 건 어때?"

모두의 대찬성(大贊成) 속에, 한석, 휘재, 재석, 호동의 순서(順序)로 게임이 진행(進行)되었다.

근엄(謹嚴) 쿵쿵따 엄호조(掩護組) 쿵쿵따 조화(調和) 쿵쿵따

화류계(花柳界) 쿵쿵따 계산(計算) 쿵쿵따 산문가(散文家) 쿵쿵따

가증(加增) 쿵쿵따 증손자(曾孫子) 쿵쿵따 자해(自害) 쿵쿵따

해독제(解毒劑) 쿵쿵따 제일(第一) 쿵쿵따……

호동이가 첫 패(敗)를 기록(記錄)했다. 생각보다 어려웠는지 호동이는 고개를 갸웃거렸다. 곧바로 두 번째 게임이 이어졌다.

謹賀新年 근하신년
삼가 새해를 축하함

0807 嚴 엄할 엄 | 口 | 총 20획 **4급**
[謹嚴 근엄] 매우 점잖고 엄함
[嚴格 엄격] 매우 엄함

0808 組 짤 조 | 糸 | 총 11획 **4급**
[掩護組 엄호조] 아군 엄호 임무를 띤 조
[組織 조직] 특정 목적을 위해 모인 집단

0809 和 화할 화 | 口 | 총 8획 **6급**
[調和 조화] 서로 잘 어울림
[人和 인화] 여러 사람이 서로 화합함

0810 柳 버들 류(:) | 木 | 총 9획 **4급**
[花柳界 화류계] 기생들의 사회
[柳眉 유미] 미인의 눈썹

0811 計 셀 계: | 言 | 총 9획 **6급**
[計算 계산] 수를 헤아림
[計劃 계획] 할 일을 미리 헤아려 봄

0812 算 셈 산: | 竹 | 총 14획 **7급**
[暗算 암산] 머릿속으로 계산함
[演算 연산] 일정한 규칙에 따라 계산함

0813 散 흩을 산 | 攴 | 총 12획 **4급**
[散文家 산문가] 산문을 잘 짓는 사람
[解散 해산] 모였던 사람이 흩어짐

이번에는 휘재가 우물쭈물 하다가 기회(機會)를 놓쳐 버리고 말았다.
다시 세 번째 게임 시작(始作).

0814 加	더할 가 | 力 | 총 5획 **5급** [加增 가증] 더 보탬 [加擔 가담] 같은 편이 되어 일을 함께 함
0815 增	더할 증 | 土 | 총 15획 **4Ⅱ급** [增減 증감] 많아지거나 적어짐 [增資 증자] 자본 증가
0816 孫	손자 손(:) | 子 | 총 10획 **6급** [曾孫子 증손자] 손자의 아들, 아들의 손자 [長孫 장손] 한 집안의 맏이가 되는 후손
0817 害	해할 해 | 宀 | 총 10획 **5급** [自害 자해] 자기 몸을 스스로 다치게 함 [害惡 해악] 해가 되는 나쁜 일
0818 毒	독/독할 독 | 毋 | 총 8획 **4Ⅱ급** [解毒劑 해독제] 몸 속의 독을 없애는 약 [毒酒 독주] 매우 독한 술
0819 第	차례 제: | 竹 | 총 11획 **6급** [第一 제일] 여럿 가운데서 첫 째가는 것 [第三國 제삼국] 분쟁에 관계 없는 나라
0820 禮	예도 례: | 示 | 총 18획 **6급** [賀禮 하례] 축하하여 예를 차림 [禮節 예절] 예의에 관한 모든 절차
0821 式	법 식 | 弋 | 총 6획 **6급** [禮式場 예식장] 예식을 치르는 장소 [方式 방식] 일정한 방법이나 형식

"그렇지!"

가까스로 위기(危機)를 모면(謀免)한 한석이가 당황(唐惶)한 휘재를 보며 크게 소리쳤다. 휘재의 표정이 어두워졌다.

마지막 게임이 시작되었다.

연거푸 휘재가 패(敗)했다. 단 한 번만 패했을 뿐 매번 가까스로 위기를 넘긴 호동이가 연달아 세 번이나 진 휘재를 옆에 두고 눈치 없이 크게 애

0822 丁 장정/고무래 정 | 一 | 총 2획 [4급] [壯丁 장정] 젊고 기운이 좋은 남자 [兵丁 병정] 병역에 복무하는 장정	**0826** 壇 단/제터 단 | 土 | 총 16획 [5급] [城隍壇 성황단] 마을 수호신의 제단 [祭壇 제단] 제사를 지내는 단
0823 停 머무를 정 | 人 | 총 11획 [5급] [停留場 정류장] 버스, 택시가 머무는 장소 [停止 정지] 움직이고 있던 것이 멎음	**0827** 新 새 신 | 斤 | 총 13획 [6급] [新世界 신세계] 새롭게 활동하는 장소 [新入 신입] 모임이나 단체에 새로 들어옴
0824 留 머무를 류 | 田 | 총 10획 [4Ⅱ급] [留學 유학] 외국에 머물면서 공부함 [留置 유치] 남의 물건을 맡아 둠	**0828** 繼 이을 계: | 糸 | 총 20획 [4급] [繼承 계승] 전통, 유산을 물려받아 이어감 [繼續 계속] 끊이지 않고 이어감
0825 城 재 성 | 土 | 총 10획 [4Ⅱ급] [長城 장성] 길게 둘러쌓은 성 [城郭 성곽] 내성(內城)과 외성(外城)	**0829** 承 이을 승 | 手 | 총 8획 [4Ⅱ급] [傳承 전승] 문화, 풍속을 계승함 [承認 승인] 어떤 사실을 받아들임

기한다.

“얘들아, 너희가 내 체면(體面)을 살렸구나. 하하하.”

뜻밖의 실수로 가뜩이나 심기가 불편했던 휘재, 눈치 없이 구는 호동이가 점점 더 얄미워지기 시작했다.

0830 利 이할 리: | 刀 | 총 7획 6급 [勝利者 승리자] 겨루어서 이긴 사람 [利害 이해] 이익과 손해	**0834 請** 청할 청 | 言 | 총 15획 4Ⅱ급 [要請 요청] 요긴하게 부탁함 [請婚 청혼] 결혼하기를 청함
0831 然 그럴 연 | 火 | 총 12획 7급 [自然 자연] 저절로 이루어진 존재, 상태 [當然 당연] 마땅히 그러함	**0835 銃** 총 총 | 金 | 총 14획 4Ⅱ급 [長銃 장총] 총신이 긴 소총 [銃傷 총상] 총에 맞아 생긴 상처
0832 初 처음 초 | 刀 | 총 7획 5급 [年初 연초] 새해의 첫머리 [初盤 초반] 승부의 처음 단계	**0836 總** 다 총: | 糸 | 총 17획 4Ⅱ급 [總監督 총감독] 전체를 보살피고 단속함 [總評 총평] 총체적인 평가
0833 招 부를 초 | 手 | 총 8획 4급 [招請狀 초청장] 초청 내용을 적은 글월 [招待 초대] 사람을 불러 대접함	**0837 督** 감독할 독 | 目 | 총 13획 4Ⅱ급 [督勵 독려] 감독하며 격려함 [監督 감독] 일이나 사람을 살피고 단속함

자존심(自尊心)이 강한 휘재는 연거푸 게임에 졌다는 사실(事實)에 무척 기분(氣分)이 상했다. 그래서 자신을 약올리는 호동이에게 시비를 걸기 시작했다.

"그런데, 왜 형만 한복(韓服)을 안 입었어? 몸집이 너무 커서 맞는 한복이 없었던 모양(模樣)이지? 하하."

하지만 호동이는 눈 하나 깜짝하지 않았다.

"야야, 너희는 작년(昨年)에 입었던 한복을 올해도 그대로 입었지만, 나는 이번 설빔으로 새 신발을 받았다, 이거야. 어때, 멋지지? 날렵하지?"

그러고 보니 호동이는 처음 보는 운동화(運動靴)를 신고 있었다.

이 때 휘재가 나섰다.

"설빔은 뭐, 형만 받았는 줄 알아? 여기 손목시계(時計) 보이지? 이거 우리 아빠가 이번에 큰 맘 먹고 사 주신 거야."

휘재가 손목을 걷어보이며 새 시계 자랑에 신바람을 내자, 이번에는 재석이도 한 마디 거들지 않을 수 없었다.

"다들 조용히 해. 유치(幼稚)하게 설빔 타령은……. 쯧쯧. 나도 갖고 싶었던 인라인 스케이트를 선물(膳物)로 받았지만 굳이 자랑은 하지 않겠어. 후후후.”

하지만 이미 재석이는 은근히 자신의 선물에 대해 자랑을 늘어 놓고 있는 중이었다. 휘재가 재석이를 쳐다보며 말했다.

“너는 항상 그런 식이더라. 아닌 척하면서 꼭 하고 싶은 말은 다 하고 넘어간단 말이야. 너야말로 자랑이 하늘을 찌르는구나.”

이 때 한심하다는 듯 혀를 차며 한석이가 말했다.

“쯧쯧쯧. ‘견물생심(見物生心)’이라 하였지. 물건(物件)이란 보면 볼수록 욕심(慾心)이 생기게 마련이야. 설빔을 못받은 친구들이 너희들의 자랑을 듣고 있으면 얼마나 그 물건이 갖고 싶겠어? 지나치게 생각 없는 말과 행동(行動)은 다른 친구에게 상처(傷處)가 될 수도 있다는 걸 잊지 마.”

떡국을 한 그릇 더 먹어서인지 사뭇 어른스럽게 말하는 한석이를 보며 모두가 놀란 채 입을 다물지 못했다.

"자, 나는 억울해서 쿵쿵따를 한 번 더 해야겠어. 이대로 물러나고 싶지 않아. 이번에는 **견물생심**(見物生心)으로 하자!"

휘재가 물러날 기미를 보이지 않으며 강력하게 얘기하자, 모두들 찬성(贊成)하는 쪽으로 의견(意見)을 모았다. 한석, 재석, 호동, 휘재의 순서로 또 다시 쿵쿵따 게임이 시작되었다.

見物生心 견물생심

실물을 보게 되면 갖고 싶은 욕심이 생김

0838
積 쌓을 적 | 禾 | 총 16획 4급
[見積 견적] 필요 비용을 어림잡아 계산함
[野積 야적] 물건을 임시로 한 곳에 쌓음

0839
赤 붉을 적 | 赤 | 총 7획 5급
[赤血球 적혈구] 핏속의 붉은색 고형 성분
[赤色 적색] 짙은 붉은색

0840
構 얽을 구 | 木 | 총 14획 4급
[構成 구성] 부분, 요소를 모아 전체를 짬
[構築 구축] 시설물을 쌓아 올려 만듦

0841
層 층 층 | 尸 | 총 15획 4급
[成層圈 성층권] 대류권 위의 대기층
[深層 심층] 사물, 사건의 내부 깊숙한 곳

0842
威 위엄 위 | 女 | 총 9획 4급
[權威 권위] 남을 통솔해 따르게 하는 힘
[威勢 위세] 사람을 복종하게 하는 힘

0843
慰 위로할 위 | 心 | 총 15획 4급
[慰問團 위문단] 문안을 위한 임시 단체
[慰勞 위로] 괴로움과 슬픔을 달래 줌

0844
絕 끊을 절 | 糸 | 총 12획 4ⅠⅠ급
[斷絕 단절] 유대나 연관 관계를 끊음
[絕色 절색] 견줄 데 없이 아름다운 여자

"푸하하! 도대체 '남생이'가 뭐야?"

"흑, 남생이는 거북이와 비슷한 남생잇과의 동물인데……. 한자어가 아니군." 재석이 머리를 긁적인다.

이번에는 방심(放心)하던 호동이가 그만 말을 잇지 못했다. 세 번째 게

0845 써 이: | 人 | 총 5획 | 5급

以
[以南 이남] 기준으로부터 그 남쪽
[以前 이전] 이제보다 전

0846 남녘 남 | 十 | 총 9획 | 8급

南
[南海 남해] 남쪽에 있는 바다
[南風 남풍] 남쪽에서 불어오는 바람

0847 굳셀 건: | 人 | 총 11획 | 5급

健
[健康食 건강식] 건강을 위해 고안된 식사
[健在 건재] 힘이나 능력이 여전함

0848 편안할 강 | 广 | 총 11획 | 4급

康
[康健 강건] 기력이 좋고 몸이 건강함
[康寧 강녕] 몸이 건강하고 마음이 편안함

0849 양식 량 | 米 | 총 18획 | 4급

糧
[食糧 식량] 생존에 필요한 먹을거리
[軍糧米 군량미] 군대에서 필요한 쌀

0850 큰바다 양 | 水 | 총 9획 | 6급

洋
[洋服店 양복점] 양복을 만들고 파는 가게
[大洋 대양] 태평양과 같은 대규모 바다

0851 옷 복 | 月 | 총 8획 | 6급

服
[服裝 복장] 옷차림
[韓服 한복] 우리 나라의 고유한 옷

0852 검사할 검: | 木 | 총 17획 | 4Ⅱ급

檢
[點檢 점검] 낱낱이 검사함
[檢印 검인] 검토한 표시로 찍는 도장

임이 빠르게 진행되었다.

또 다시 재석이가 걸려들었다. 모두들 내심(內心) 고소한 눈치이다. 마음이 급해진 재석이가 외쳤다. "마지막이다! 시작!"

0853 廳 관청 청 | 广 | 총 25획 **4급** [檢察廳 검찰청] 검찰 사무를 보는 행정기관 [廳舍 청사] 관청의 사무실로 쓰는 건물	**0857** 波 물결 파 | 水 | 총 8획 **4Ⅱ급** [波濤 파도] 바다에 이는 물결 [波長 파장] 충격적인 일이 끼치는 영향
0854 淸 맑을 청 | 水 | 총 11획 **6급** [淸純 청순] 깨끗하고 순수함 [淸淨 청정] 맑고 깨끗함. '청정 해역'	**0858** 聽 들을 청 | 耳 | 총 22획 **4급** [盜聽機 도청기] 몰래 듣고 녹음하는 기계 [聽取 청취] 의견, 보고, 방송 등를 들음
0855 純 순수할 순 | 糸 | 총 10획 **4Ⅱ급** [純粹 순수] 전혀 다른 것이 섞이지 않음 [純金 순금] 다른 금속이 섞이지 않은 금	**0859** 陰 그늘 음 | 阜 | 총 11획 **4Ⅱ급** [太陰人 태음인] 사상 의학 체질 중 하나 [陰地 음지] 그늘진 곳
0856 派 갈래 파 | 水 | 총 9획 **4급** [純情派 순정파] 순수한 감정을 가진 사람 [派閥 파벌] 이해관계에 따라 갈라진 집단	**0860** 印 도장 인 | 卩 | 총 6획 **4Ⅱ급** [印刷 인쇄] 잉크를 사용해 복제물을 찍어냄 [捺印 날인] 도장을 찍음

"'자율' 다음에 붙일 게 없네. 너무 빠르게 넘어가니까 얼른 생각이 안 나잖아. 에이 참…….."

휘재가 땅을 치며 아까워했다.

재석이의 2패로 박진감(迫進感) 넘치던 게임은 막(幕)을 내렸다.

이번 게임에서 자신의 실력을 어느 정도 발휘한 휘재는 흐뭇한 마음에 표정이 한결 밝아졌다.

0861 氷 얼음 빙 | 水 | 총 5획 **5급**
[碎氷船 쇄빙선] 언 강물에 뱃길을 내는 배
[結氷 결빙] 물이 얾

0862 登 오를 등 | 癶 | 총 12획 **7급**
[先登 선등] 맨 먼저 오름
[登極 등극] 임금의 자리에 오름

0863 客 손님 객 | 宀 | 총 9획 **5급**
[登山客 등산객] 운동 삼아 등산하는 사람
[客地 객지] 집을 떠나 임시로 머무는 곳

0864 慮 생각할 려 | 心 | 총 15 획 **4급**
[心慮 심려] 마음 속으로 걱정함
[念慮 염려] 앞 일을 여러 가지로 걱정함

0865 旅 나그네 려 | 方 | 총 10획 **5급**
[旅行記 여행기] 여행의 느낌을 적은 글
[旅館 여관] 돈을 받고 손님을 묵게 하는 집

0866 特 특별할 특 | 牛 | 총 10획 **6급**
[奇特 기특] 말씨나 행동이 대견함
[特別 특별] 보통과 구별되게 다름

0867 惠 은혜 혜: | 心 | 총 12획 **4Ⅱ급**
[特惠子 특혜자] 특별한 혜택을 받는 자
[互惠 호혜] 특별한 혜택을 주고받는 일

0868 律 법칙 률: | 彳 | 총 9획 **4Ⅱ급**
[自律 자율] 자신의 원칙에 따라 일을 함
[律動 율동] 일정한 규칙에 따라 움직임

두 번째 쿵쿵따 게임이 끝난 후(後), 네 친구는 맏형인 호동이네 집을 시작으로 차례차례 세배를 다니기로 했다.

"새해 복(福) 많이 받으세요!"

공손하고 정성스럽게 세배를 드리는 네 친구에게 복돈을 공평(公平)하게 나눠 주신 호동이의 어머니는, 풍채(風采)가 좋으신 분답게 맛난 음식도 다리가 휘어질 정도로 한 상(床) 가득 차려 주셨다. 먹다 지친 휘재가 등을 벽(壁)에 기댄 채 숨을 고르며 말했다.

"배가 터질 것 같아. 계속(繼續) 먹다가는 세배 다니기도 힘들겠어."

재석이네 집에서의 세배는 배가 부른 네 명 모두에게 무척 힘든 일이었다. 급기야 뒤로 벌렁 넘어진 호동이 때문에 모두가 함박 웃음꽃을 피우기까지 했다.

그 때, 재석이가 도저히 참지를 못하고 방정맞게 웃으며 한 마디 했다.

"형은 왜 주책 맞게 세배하다 말고 드러눕는 거야? 와하하, 너무 웃겨!"

호동이 자신도 그 상황(狀況)이 너무 재미있는지, 화를 내기는커녕 재석이의 말에 덩달아 배꼽이 빠지도록 웃었다.

한석이네 집에서는, 음식을 차려 주시겠다는 어머니께 아직 소화가 안 됐노라고 한석이가 나서서 잘 설명을 드린 후에야, 세배를 마치고 휘재네 집으로 총총 발걸음을 옮길 수 있었다.

맛있는 음식에 세배돈도 두둑히 받은 네 친구는 휘재네 집에서 기쁜 마음으로 즐거운 시간(時間)을 보낼 수 있었다.

휘재가 말했다.

"푸하하! 아까 재석이네 집에서 호동이 형 넘어졌을 때 정말 웃겼어. 하지만 '다다익선(多多益善)'이란 말도 있듯이 웃을 일은 많으면 많을수록 좋은 것 같아. 그런 의미(意味)에서 소화도 시킬 겸 쿵쿵따 한판 어때?"

"그거 좋지! 안 그래도 배가 안 꺼져서 거동(擧動)이 불편했던 참인데, 쿵쿵따나 신나게 해 보자!"

호동이가 기다렸다는 듯 맞장구를 쳤다.

　제시어는 **다다익선**(多多益善). 이번에는 휘재, 한석, 호동, 재석의 순서(順序)로 게임을 진행하기로 했다. 준비(準備)됐나! 준비됐다!

"꿍스~ 꿍스꿍스~ 쿵쿵따리~ 쿵쿵따~ 쿵쿵따리~ 쿵쿵따!"
다복(多福) 쿵쿵따 **복사기**(複寫機) 쿵쿵따 **기후**(氣候) 쿵쿵따
후견인(後見人) 쿵쿵따 **인상**(引上) 쿵쿵따 **상여금**(賞與金) 쿵쿵따
금은(金銀) 쿵쿵따 **은장도**(銀粧刀) 쿵쿵따 **도살**(屠殺) 쿵쿵따…….

　게임을 하다 말고 한석이가 갑자기 웃기 시작했다.

　"와하하! 호동이 형, 휘재가 그만 형을 모욕하는 단어를 말했네."

　"웃지 말고 게임이나 계속해!"

多多益善 다다익선
많으면 많을수록 더욱 좋음

0869
福 복 복 | 示 | 총 14획 [5급]
[多福 다복] 복이 많음
[幸福 행복] 복된 좋은 운수

0870
候 철/기후 후: | 人 | 총 10획 [4급]
[氣候 기후] 기온, 바람 등의 대기 상태
[徵候 징후] 겉으로 나타나는 낌새

0871
引 끌 인 | 弓 | 총 4획 [4Ⅱ급]
[引上 인상] 요금을 올림
[引導 인도] 이끌어 지도함

0872
銀 은 은 | 金 | 총 14획 [6급]
[金銀 금은] 금과 은
[銀行 은행] 예금을 운용하는 금융 기관

0873
殺 죽일 살 / 감할 쇄: | 殳 | 총 11획 [4Ⅱ급]
[屠殺 도살] 짐승을 잡아 죽임
[殺氣 살기] 독살스러운 기운

0874
各 각각 각 | 口 | 총 6획 [6급]
[各個 각개] 하나하나의 낱낱
[各自 각자] 각각의 자기 자신

0875
個 낱 개(:) | 人 | 총 10획 [4Ⅱ급]
[個人 개인] 집단을 구성하는 낱낱의 사람
[個別 개별] 하나씩 따로 나뉘어 있는 상태

얼굴이 울그락불그락, 호동이가 큰 소리로 외쳤다.

재석이는 휘재의 말에 웃느라 생각해 놓은 단어마저도 제대로 말하지 못했다.

"이제는 결코 질 수 없어. 시작(始作)!"

0876 認 알 인 | 言 | 총 14획 **4Ⅱ급**
[認證 인증] 어떤 행위를 공적으로 인정함
[認許 인허] 인정하고 허가함

0877 爆 불터질 폭 | 火 | 총 19획 **4급**
[爆笑 폭소] 갑자기 웃음이 터져 나옴
[爆發 폭발] 불이 나며 갑자기 터짐

0878 笑 웃음 소: | 竹 | 총 10획 **4Ⅱ급**
[媚笑 미소] 살며시 웃음
[失笑 실소] 어이없어 터져 나온 웃음

0879 掃 쓸 소(:) | 手 | 총 11획 **4Ⅱ급**
[掃蕩令 소탕령] 죄다 없애버리라고 시킴
[淸掃 청소] 쓸고 닦아서 깨끗하게 함

0880 榮 영화 영 | 木 | 총 14획 **4Ⅱ급**
[榮華 영화] 귀한 몸이 되어 이름이 빛남
[榮光 영광] 빛나고 아름다운 영예

0881 域 지경 역 | 土 | 총 11획 **4급**
[地域 지역] 일정하게 구획된 토지
[區域 구역] 갈라 놓은 지역

0882 孝 효도 효: | 子 | 총 7획 **7급**
[忠孝烈 충효열] 충신과 효자와 열녀
[不孝 불효] 자식된 도리를 못함

0883 探 찾을 탐 | 手 | 총 11획 **4급**
[偵探 정탐] 사정을 몰래 살펴 알아냄
[探求 탐구] 필요한 것을 조사해 찾아냄

"꿍스~ 꿍스꿍스~ 쿵쿵따리~ 쿵쿵따~ 쿵쿵따리~ 쿵쿵따!"

익충(益蟲) 쿵쿵따 **충효열**(忠孝烈) 쿵쿵따 **열사**(烈士) 쿵쿵따

사각정(四角亭) 쿵쿵따 **정탐**(偵探) 쿵쿵따 **탐험대**(探險隊) 쿵쿵따

대경(大驚) 쿵쿵따 **경구개**(硬口蓋) 쿵쿵따 **개최**(開催) 쿵쿵따

최고위(最高位) 쿵쿵따 **위임**(委任) 쿵쿵따 **임명장**(任命狀) 쿵쿵따

장막(帳幕) 쿵쿵따 **막강국**(莫强國) 쿵쿵따 **국가**(國家) 쿵쿵따

가면(假面) 쿵쿵따

'도살'이라는 단어를 떠올리며 자꾸만 키득거리던 재석이, 이번에도 말을 잇지 못했고, 결국 호동에게서 꿀밤을 한 대 맞고 나서야 웃음을 그쳤다. 이제 마지막 게임만 남았다.

0884 險 험할 험 : | 阜 | 총 16획 [4급]
[探險隊 탐험대] 위험한 곳을 조사하는 무리
[危險 위험] 해로운 일이 생길 우려가 있음

0885 驚 놀랄 경 | 馬 | 총 23획 [4급]
[大驚 대경] 크게 놀람
[驚愕 경악] 소스라치게 깜짝 놀람

0886 開 열 개 | 門 | 총 12획 [6급]
[開催 개최] 모임을 주최해 엶
[開閉 개폐] 열고 닫음

0887 最 가장 최 : | 日 | 총 12획 [5급]
[最高位 최고위] 가장 높은 자리
[最善 최선] 가장 좋고 훌륭함

0888 委 맡길 위 | 女 | 총 8획 [4급]
[委任 위임] 어떤 일의 책임을 지워 맡김
[委囑 위촉] 남에게 부탁해 일을 맡게 함

0889 帳 장막 장 | 巾 | 총 11획 [4급]
[帳幕 장막] 비바람을 피해 치는 막
[帳簿 장부] 돈의 수지 계산을 적은 책

0890 强 굳셀 강 : | 弓 | 총 12획 [6급]
[莫强國 막강국] 더없이 강한 나라
[强者 강자] 힘이나 세력이 강한 사람

0891 假 거짓 가 | 人 | 총 11획 [4Ⅱ급]
[假面 가면] 얼굴에 쓰는 탈
[假令 가령] 예를 들면

"꿍스~ 꿍스꿍스~ 쿵쿵따리~ 쿵쿵따~ 쿵쿵따리~ 쿵쿵따!"
선악(善惡) 쿵쿵따 악순환(惡循環) 쿵쿵따 환희(歡喜) 쿵쿵따
희망봉(希望峯) 쿵쿵따 봉사(奉事) 쿵쿵따 사진관(寫眞館) 쿵쿵따
관계(關係) 쿵쿵따 계면조(界面調) 쿵쿵따 조우(遭遇) 쿵쿵따
우이동(牛耳洞) 쿵쿵따!

"앗싸! 호동 형, 드디어 걸렸다!"

그 때 재석이가 자신도 모르게 호동이에게 크나큰 말 실수를 하고 말았다.

"형, 이럴 때 '도살'이라는 단어를 쓰는 건가?"

물론 재석이는 혹이 난 이마를 오랫동안 훌쩍이며 문질러야만 했다.

한석이 또한 웃음보를 터뜨리고 말았다.

0892 環 고리 환 | 玉 | 총 17획 **4급**
[惡循環 악순환] 나쁜 현상이 되풀이됨
[花環 화환] 고리처럼 둥글게 장식한 꽃

0893 喜 기쁠 희 | 口 | 총 12획 **4급**
[歡喜 환희] 매우 기뻐함
[喜消息 희소식] 기쁜 소식

0894 希 바랄 희 | 巾 | 총 7획 **4Ⅱ급**
[希望峯 희망봉] 전망을 담은 뚜렷한 목표
[希願 희원] 앞 일에 대해 기대를 가짐

0895 奉 받들 봉: | 大 | 총 8획 **5급**
[奉事 봉사] 웃어른을 섬김
[奉獻 봉헌] 물건을 받들어 바침

0896 係 맬 계: | 人 | 총 9획 **4Ⅱ급**
[關係 관계] 어떤 영역에 관련이 있음
[係員 계원] 계 단위 부서에 소속된 사람

0897 遇 만날 우: | 辵 | 총 13획 **4급**
[遭遇 조우] 우연히 서로 만남
[偶然 우연] 뜻하지 않게 일어난 일

0898 牛 소 우: | 牛 | 총 4획 **5급**
[牛耳洞 우이동] 서울에 있는 동네 이름
[牛乳 우유] 소의 젖

0899 洞 골 동: / 밝을 통: | 水 | 총 9획 **7급**
[洞里 동리] 마을
[洞觀 통관] 꿰뚫어 환히 살핌

생각보다 세배돈을 꽤 많이 모은 네 친구는 어디에 써야 할지 즐겁게 이야기꽃을 피웠다. 재석이가 활짝 웃으며 먼저 말했다.

"이 돈으로 뭘 해야 좋을지 모르겠어. 돈이 많아도 고민(苦悶)이군. 헤헤헤. 너희들은 어때? 호동이 형은?"

"글쎄……. 나는 앞으로 받을 용돈이랑 함께 모아서 자전거(自轉車)를 살까 생각 중(中)이야."

운동(運動)을 게을리 한 이후로 점점 살이 찌는 것을 걱정하던 호동이가 대답했다.

곰곰이 생각하던 끝에 휘재도 입을 열었다.

"나는 좋아하는 가수(歌手)의 CD를 살까 해. 그리고 남은 돈으로는 새 학기(學期)에 필요(必要)한 학용품(學用品)을 살 거야."

고개를 끄덕이던 재석이가 한석이를 보며 물었다.

"한석아, 너는 뭐 사고 싶은 거 없어?"

한석이는 재석이를 슬쩍 쳐다보며 피식 웃기만 했다.

궁금해진 호동이가 재차(再次) 물었다.

“왜 웃기만 해? 생각해 놓은 거 없어? 웃는 거 보니 수상한 걸.”

얼굴만 점점 붉어지는 한석이를 보다가 휘재가 한 마디 거들었다.

“흠……. 얼굴이 빨개지는 걸 보니 정말 수상하군. 뭔가 하고 싶은 말이 있는데 부끄러워서 차마 못하고 있는 게 분명해. 킁킁……. 어쭈, 수상한 냄새까지 나는데?”

이 때 재석이가 뭔지 알겠다는 듯, 눈을 가늘게 뜨고 은근한 말투로 얘기했다.

“오호라. 이제야 알겠군. 응큼한 녀석 같으니라구. 김한석, 네 얼굴에 ‘좋아하는 애 생겼다’고 빨간 글씨로 써 있다, 야. 하하하!”

그러자 휘재와 호동이도 놀려대듯 웃기 시작했다.

무안해진 한석이가 드디어 입을 열었다.

“그래, 웃어라 웃어. 너희는 역지사지(易地思之)란 말도 모르냐? 입장을 바꿔 놓고 생각해 봐. 쳇.”

여자 친구들에게 인기(人氣)가 많은 휘재가 한석이를 위로했다.

“맞아, **역지사지**(易地思之)! 한석아 그만 화 풀어. 우리, 친구(親舊) 아이가! 헤헤헤. ‘역지사지’로 쿵쿵따를 멋지게 한판 하고 나서 많은 가르침을 주도록 하마. 쿵쿵따는 계속되어야 한다, 쭈욱!”

휘재, 한석, 재석, 호동의 순(順)으로 쿵쿵따가 또 다시 시작되었다.

"꿍스~ 꿍스꿍스~ 쿵쿵따리~ 쿵쿵따~ 쿵쿵따리~ 쿵쿵따!"
역학(易學) 쿵쿵따 **학군단**(學軍團) 쿵쿵따 **단청**(丹靑) 쿵쿵따
청백리(淸白吏) 쿵쿵따 **이사**(移徙) 쿵쿵따 **사형수**(死刑囚) 쿵쿵따
수려(秀麗) 쿵쿵따 **여관방**(旅館房) 쿵쿵따 **방해**(妨害) 쿵쿵따
해금강(海金剛) 쿵쿵따 **강변**(江邊) 쿵쿵따 **변론가**(辯論家) 쿵쿵따
가훈(家訓) 쿵쿵따 **훈계조**(訓戒調) 쿵쿵따 **조약**(條約) 쿵쿵따……

아뿔싸! 별로 어렵지 않은 단어에서 호동이가 그만 실수를 했다. 게임

은 두 번째로 이어지고…….

易地思之 역지사지
처지를 바꾸어 생각해 봄

0900 白 흰 백 | 白 | 총 5획 **8급**
[淸白吏 청백리] 청렴한 관리
[白露 백로] '이슬'을 아름답게 이르는 말

0901 移 옮길 이 | 禾 | 총 11획 **4Ⅱ급**
[移徙 이사] 사는 곳을 다른 데로 옮김
[移轉 이전] 장소, 주소를 옮김

0902 秀 빼어날 수 | 禾 | 총 7획 **4급**
[秀麗 수려] 빼어나게 아름다움
[秀才 수재] 머리가 좋고 재주가 뛰어난 사람

0903 麗 고울 려 | 鹿 | 총 19획 **4Ⅱ급**
[流麗 유려] 유창하고 아름다움
[華麗 화려] 빛나게 아름다움

0904 妨 방해할 방 | 女 | 총 7획 **4급**
[妨害 방해] 헤살을 놓아 못하게 함
[無妨 무방] 지장이 없음

0905 江 강 강 | 水 | 6획 **7급**
[江邊 강변] 강가. '강변도로'
[漢江 한강] 우리 나라 중부를 흐르는 강

0906 邊 가 변 | 辶 | 총 19획 **4Ⅱ급**
[邊境 변경] 경계가 되는 변두리 땅
[周邊 주변] 어떤 대상의 둘레

"꿍스~ 꿍스꿍스~ 쿵쿵따리~ 쿵쿵따~ 쿵쿵따리~ 쿵쿵따!"

지역간 (地域間) 쿵쿵따 **간병** (看病) 쿵쿵따 **병충해** (病蟲害) 쿵쿵따

해저 (海底) 쿵쿵따 **저기압** (低氣壓) 쿵쿵따 **압권** (壓卷) 쿵쿵따

권두언 (卷頭言) 쿵쿵따 **언급** (言及) 쿵쿵따 **급랭** (急冷) 쿵쿵따

냉혈한 (冷血漢) 쿵쿵따 **한적** (閑寂) 쿵쿵따 **적정가** (適定價) 쿵쿵따

가불 (假拂) 쿵쿵따 **불완전** (不完全) 쿵쿵따……?

"가만! 가만!" 한석이가 이의를 제기하고 나섰다.

"호동이 형, 재석이가 '언급'이라고 했을 때, 세 글자 단어로 이어야 했는데 '급랭'이라고 했지? 하하. 쿵쿵따 게임 규칙 위반이야!"

"녀석 참, 여자 친구 생기더니 꽤 날카로워졌는 걸."

0907 訓 가르칠 훈: | 言 | 총 10획 **6급**
[家訓 가훈] 한 집안의 전통적 가르침
[訓示 훈시] 가르쳐 보이거나 타이름

0908 條 가지 조 | 木 | 총 11획 **4급**
[條約 조약] 조목을 세워 맺은 언약
[條件 조건] 결정에 앞서 내놓는 요구

0909 底 밑 저: | 广 | 총 8획 **4급**
[海底 해저] 바다의 밑바닥
[底力 저력] 속에 간직한 든든한 힘

0910 低 낮을 저: | 人 | 총 7획 **4Ⅱ급**
[低氣壓 저기압] 주위보다 기압이 낮은 부분
[低俗 저속] 품위가 낮고 속됨

0911 卷 책 권 | 卩 | 총 8획 **4급**
[壓卷 압권] 여럿 중 가장 뛰어난 것
[卷頭言 권두언] 책의 머리말

0912 冷 찰 랭: | 冫 | 총 7획 **5급**
[急冷 급랭] 급속히 얼리거나 식힘
[冷却 냉각] 식어서 차게 됨

0913 閑 한가할 한 | 門 | 총 12획 **4급**
[閑寂 한적] 한가하고 고요함
[閑職 한직] 중요하지 않은 관직

0914 完 완전할 완 | 宀 | 총 7획 **5급**
[不完全 불완전] 완전하지 못함
[完成 완성] 완전히 다 이룸

머쓱해진 호동이를 보며, 재석이가 한 마디 거든다. "형, 그런 걸 사랑의 힘이라고 해." 아까 맞은 자리에 다시 꿀밤을 맞은 재석.

"꿍스~ 꿍스꿍스~ 쿵쿵따리~ 쿵쿵따~ 쿵쿵따리~ 쿵쿵따!"
사모(思慕) 쿵쿵따 모자간(母子間) 쿵쿵따 간성(干城) 쿵쿵따
성분비(成分比) 쿵쿵따 비음(鼻音) 쿵쿵따 음악성(音樂性) 쿵쿵따
성불(成佛) 쿵쿵따 불시착(不時着) 쿵쿵따 착오(錯誤) 쿵쿵따
오가피(五加皮) 쿵쿵따 피혁(皮革) 쿵쿵따 혁띠!

"와하하. 재석아, 너 호동이 형한테 맞은 꿀밤 때문에 정신이 없나 보구나. 혁띠라는 단어는 잘못된 표현이야. 혁대(革帶)가 맞아. 하하."

0915 全 온전 전 | 入 | 총 6획 **7급**
[全部 전부] 낱낱의 대상을 모두 합친 것
[穩全 온전] 본디 그대로 고스란히

0916 干 방패 간 | 干 | 3획 **4급**
[干城 간성] 믿음직한 군대, 인물
[干涉 간섭] 남의 일에 부당하게 참견함

0917 比 견줄 비 | 比 | 총 4획 **5급**
[成分比 성분비] 물체의 여러 성분의 비율
[比喩 비유] 현상, 사물에 빗대어 설명함

0918 鼻 코 비: | 鼻 | 총 14획 **5급**
[鼻音 비음] 코가 막힌 듯한 소리
[鼻炎 비염] 콧속 점막에 생기는 염증

0919 着 붙을 착 | 目 | 총 11획 **5급**
[不時着 불시착] 예정에 없이 착륙함
[着陸 착륙] 공중에서 판판한 곳으로 내림

0920 誤 그르칠 오: | 言 | 총 13획 **4Ⅱ급**
[錯誤 착오] 착각을 하여 잘못함
[誤認 오인] 잘못 보거나 잘못 생각함

0921 五 다섯 오: | 二 | 총 4획 **8급**
[五加皮 오가피] 오갈피나무의 껍질
[五穀 오곡] 쌀, 보리, 콩, 조, 기장

0922 革 가죽 혁 | 革 | 총 9획 **4급**
[皮革 피혁] 제품의 원료가 되는 가죽
[改革 개혁] 제도나 기구를 뜯어 고침

재석이는 눈물을 머금고 네 번째 게임의 첫 주자(走者)가 되어야만 했다.

한석이가 마지막으로 실수를 했지만, 네 친구들은 설날 맞이 쿵쿵따 게임으로 마냥 즐거웠다. 약속대로 호동, 재석, 휘재는 한석이가 새로 좋아하게 된 여자 친구 얘기에 진심(眞心)으로 귀 기울이는 시간(時間)을 가졌다.

0923 憤
분할 분: | 心 | 총 15획 | 4급
[憤怒 분노] 분개해 몹시 성을 냄
[公憤 공분] 다 같이 느끼는 분노

0924 怒
성낼 노: | 心 | 총 9획 | 4Ⅱ급
[怒濤 노도] 무섭게 밀려오는 큰 파도
[怒氣 노기] 성난 얼굴빛

0925 努
힘쓸 노 | 力 | 총 7획 | 4Ⅱ급
[努力派 노력파] 노력으로 이루려는 부류
[努力 노력] 몸과 마음을 다해 애씀

0926 堅
굳을 견 | 土 | 11획 | 4급
[堅固性 견고성] 굳고 단단한 성질
[堅實 견실] 미덥고 확실함

0927 職
직분 직 | 耳 | 총 18획 | 4Ⅱ급
[聖職 성직] 거룩한 직분
[職業 직업] 생계를 위해 종사하는 일

0928 彈
탄알 탄: | 弓 | 총 13획 | 4급
[直擊彈 직격탄] 곧바로 날아와 맞은 탄환
[彈皮 탄피] 탄환이나 포탄의 껍데기

0929 歎
탄식할 탄: | 欠 | 총 15획 | 4급
[歎息 탄식] 한탄하며 한숨을 쉼
[歎服 탄복] 매우 감탄해 마음으로 따름

0930 採
캘 채: | 手 | 총 11획 | 4급
[公採 공채] 공개 방식으로 채용함
[採掘 채굴] 땅 속에 묻혔던 것을 찾아 파냄

갑자기 호동이의 표정(表情)이 이상(異狀)해졌다!

"형! 왜 그래? 괜찮아? 도대체 무슨 일이야?"

끙끙거리던 호동이가 가까스로 말문을 열었다.

"으……. 아무래도 너무 많이 먹은 것 같아. 배가 아파서 손가락 하나도 까딱할 수가 없어……." 그 얘기를 들은 재석이는 터져 나오는 웃음을 참으려고 손으로 입을 꾹꾹 틀어막아야만 했다.

"야, 유재석! 넌 형이 아프다는데 웃음이 나오니? 응?"

"푸하하하! 정말 아무리 생각해도 형은 너무 미련해." 재석이는 그만 참지 못하고 마음 속에 있는 말을 모두 털어 놓고야 말았다.

"형. 나도 웃고 싶지 않아. 하지만 생각을 해 봐. 명절(名節) 때마다 과식(過食)으로 배탈이 나면서도 주는 대로 먹는 버릇을 아직도 못 고치고 있는 형 자신(自身)을 좀 보라고. 형도 웃지 않을 수 없을 걸? 하하하. 아이고, 배야. 이러다가 내가 배탈 나겠다."

"재석아, 그만 해. 호동이 형 정말 많이 아파 보인다. 그러고 있지 말고 휘재 어머니께 약(藥)이라도 좀 받아와."

잠시 후, 약을 먹고 배탈이 가라앉은 호동이가 재석이를 향해 말했다.

"야, 유재석. 남의 입장(立場)에서도 한번쯤 생각을 해 봐야 하는 거 아니니? 좀 전에 배운 '역지사지(易地思之)' 잊었어? '동병상련(同病相憐)'이란 말도 있어. 남의 아픔을 같이 한다는 뜻이야. 그리고 뭐 미련하게 배탈 나고 싶어서 나는 줄 알아? 어른께서 주시는 음식(飮食)을 마다하는 건 아랫사람으로서 예의(禮儀)가 아니라고 생각했기 때문이야."

이어서 호동이는 **동병상련**(同病相憐)이란 제시어로 쿵쿵따 게임을 해서 자신(自身)의 분한 마음을 가라앉혀야겠다고 으름장을 놓았다.

이번에는 재석이를 처음으로 호동, 휘재, 한석이가 뒤를 잇기로 했다.

"꿍스~ 꿍스꿍스~ 쿵쿵따리~ 쿵쿵따~ 쿵쿵따리~ 쿵쿵따!"

동시 (同時) 쿵쿵따 **시계추** (時計錘) 쿵쿵따 **추억** (追憶) 쿵쿵따

억만금 (億萬金) 쿵쿵따 **금칠** (金漆) 쿵쿵따 **칠성단** (七星壇) 쿵쿵따

단정 (端整) 쿵쿵따 **정확도** (正確度) 쿵쿵따 **도하** (渡河) 쿵쿵따

하절기 (夏節期) 쿵쿵따 **기개** (氣槪) 쿵쿵따 **개혁파** (改革派) 쿵쿵따

파격(破格) 쿵쿵따 **격동기**(激動期) 쿵쿵따 **기사**(記事) 쿵쿵따

사금융 (私金融) 쿵쿵따 **융숭** (隆崇) 쿵쿵따 **숭배** (崇拜) 쿵쿵따!

“옳거니!”

　호동이는 너무나 통쾌한 듯했다. 재석이로서는 ‘배’로 시작하는 세글자
로 된 단어를 만들 재주가 없었다. 호동이는 재석이에게 어서 두 번째 게
임을 시작하라고 재촉했다.

同病相憐 동병상련

어려운 처지에 있는 사람끼리 서로 가엾게 여김

0931 億 억 억 | 人 | 총 15획 **5급**
[億萬金 억만금] 아주 많은 재산
[億劫 억겁] 무한하게 오랜 시간

0932 七 일곱 칠 | 一 | 총 2획 **8급**
[七星壇 칠성단] 칠원성군을 모신 단
[七夕 칠석] 음력으로 칠월 초이렛날

0933 整 가지런할 정: | 攵 | 총 16획 **4급**
[端整 단정] 깔끔하고 가지런하다
[整頓 정돈] 가지런히 바로잡아 정리함

0934 確 굳을 확 | 石 | 총 15획 **4Ⅱ급**
[正確度 정확도] 바르고 확실한 정도
[確信 확신] 굳게 믿음

0935 夏 여름 하: | 夕 | 총 10획 **7급**
[夏節期 하절기] 여름철
[夏服 하복] 여름철에 입는 옷

0936 改 고칠 개: | 攵 | 7획 **5급**
[改革派 개혁파] 개혁을 도모하는 무리
[改革 개혁] 제도, 기구 따위를 새롭게 고침

0937 激 격할 격 | 水 | 총 16획 **4급**
[激動期 격동기] 사회변화가 급격한 시기
[激突 격돌] 세차게 부딪힘

휘재는 호동이가 '구두끈'이라고 하면서 틀릴 줄 알았다. 그러나 이는 너무 경솔한 추측(推測)이었던 것이다. 머리를 긁적거리며 휘재를 선두로 세 번째 게임이 시작되었다.

"꿍스~ 꿍스꿍스~ 쿵쿵따리~ 쿵쿵따~ 쿵쿵따리~ 쿵쿵따!"
상동(相同) 쿵쿵따 동화책(童畵冊) 쿵쿵따 책무(責務) 쿵쿵따
무면허(無免許) 쿵쿵따 허공(虛空) 쿵쿵따 공경심(恭敬心) 쿵쿵따
심화(深化) 쿵쿵따 화강암(花崗巖) 쿵쿵따 암흑(暗黑) 쿵쿵따
흑진주(黑珍珠) 쿵쿵따 주소(住所) 쿵쿵따 소작농(小作農) 쿵쿵따
농협(農協) 쿵쿵따!

0938 높을 숭 | 山 | 총 11획 **4급** 崇 [隆崇 융숭] 극진하고 정성스러움 [崇尙 숭상] 높여 소중히 여김	**0942** 거동 의 | 人 | 총 15획 **4급** 儀 [儀仗隊 의장대] 행사를 위해 훈련된 부대 [儀典 의전] 정해진 방식으로 치르는 행사
0939 절 배: | 手 | 총 9획 **4Ⅱ급** 拜 [崇拜 숭배] 마음으로부터 우러러 공경함 [歲拜 세배] 정초에 웃어른께 하는 절	**0943** 비평할 비 | 手 | 총 7획 **4급** 批 [批判書 비판서] 옳고 그름을 밝힌 글 [批評 비평] 대상을 분석해 가치를 논함
0940 닫을 폐: | 門 | 총 11획 **4급** 閉 [閉幕式 폐막식] 일정을 끝맺는 행사 [閉業 폐업] 영업을 하지 않음	**0944** 비로소 시: | 女 | 총 8획 **6급** 始 [始末書 시말서] 사건경위를 자세히 쓴 문서 [始作 시작] 어떤 일이나 행동의 처음 단계
0941 두터울 후: | 厂 | 총 12획 **4급** 厚 [厚謝 후사] 후하게 사례함 [厚德 후덕] 덕이 후함. 도타운 덕	**0945** 끝 말 | 木 | 총 5획 **5급** 末 [末年 말년] 일생의 마지막 시기 [年末 연말] 한 해의 마지막 무렵

이번에는 한석이가 '협'에서 말문이 막혀 버렸다.

이로써 호동이를 제외(除外)한 모두가 한 번씩 지게 되었다. 상황이 불리하다고 느낀 재석이 우기는 바람에 마지막 게임은 한석, 휘재, 호동, 재석의 순으로 시작되었다.

0946 글귀 **구** | 口 | 총 5획 **4Ⅱ급** 句 [句讀點 구두점] 마침표와 쉼표 [句節 구절] 한 토막의 말이나 글	**0950** 어두울 **암:** | 日 | 총 13획 **4Ⅱ급** 暗 [暗黑 암흑] 어둡고 캄캄함 [明暗 명암] 밝음과 어두움
0947 아이 **동:** | 立 | 총 12획 **6급** 童 [童畫冊 동화책] 동화를 쓴 책 [童子 동자] 사내아이	**0951** 검을 **흑** | 黑 | 총 12획 **5급** 黑 [黑珍珠 흑진주] 검은빛의 진주 [黑心 흑심] 음흉하고 부정이 많은 마음
0948 빌 **허** | 虍 | 총 12획 **4Ⅱ급** 虛 [虛空 허공] 텅 빈 공중 [虛無 허무] 매우 허전하고 쓸쓸함	**0952** 농사 **농** | 辰 | 총 13획 **7급** 農 [小作農 소작농] 농지를 빌려 짓는 농사 [農夫 농부] 농사를 직업으로 하는 사람
0949 공경할 **경:** | 攴 | 총 13획 **5급** 敬 [恭敬心 공경심] 받들어 모시는 마음 [敬老 경로] 노인을 공경함. '경로석'	**0953** 화할 **협** | 十 | 총 8획 **4Ⅱ급** 協 [農協 농협] '농업 협동조합'의 줄임말 [協同 협동] 서로 마음과 힘을 하나로 합함

호동이가 귀가 멍할 정도(程度)로 고함(高喊)을 지르는 바람에 놀란 재석이는 그만 할 말을 잃고 말았다. 어이없는 패배(敗北)였다. "자고로, 인과응보(因果應報)라고 했어. 좋은 일에는 좋은 결과(結果), 나쁜 일에는 나쁜 결과가 따른다는 뜻이지. 네가 이번 쿵쿵따 게임에서 이렇게 어이없이 진 데는 다 그만한 이유가 있는 거야. 알겠느냐, 아우야?"

재석이는 마땅히 대꾸할 말을 찾지 못했고 벌칙으로 10분 동안 메뚜기 춤을 추어야 했다.

0954 混	섞을 혼: | 水 | 총 11획 4급
	[混濁 혼탁] 불순물이 섞여 깨끗하지 못함
	[混亂 혼란] 어지럽고 질서가 없음

0955 卓	높을 탁 | 十 | 총 8획 5급
	[卓越性 탁월성] 두드러지게 뛰어난 성질
	[卓子 탁자] 물건을 올려놓는데 쓰는 가구

0956 討	칠 토(:) | 言 | 총 10획 4급
	[聲討 성토] 잘못을 소리 높여 규탄함
	[討伐 토벌] 무력으로 쳐 없앰

0957 伐	칠 벌 | 人 | 총 6획 4Ⅱ급
	[討伐軍 토벌군] 토벌의 임무를 맡은 군대
	[征伐 정벌] 죄 있는 무리를 무력으로써 침

0958 郡	고을 군: | 邑 | 총 10획 6급
	[郡廳 군청] 군의 행정, 사무를 보는 기관
	[郡守 군수] 군의 행정을 보는 으뜸 직위

0959 雨	비 우: | 雨 | 총 8획 5급
	[祈雨祭 기우제] 비 오기를 비는 제사
	[雨傘 우산] 손에 들고 비를 가리는 도구

0960 昨	어제 작 | 日 | 총 9획 6급
	[再昨年 재작년] 지난해의 바로 전 해
	[昨今 작금] 어제와 오늘

0961 航	배 항: | 舟 | 총 10획 4Ⅱ급
	[航海 항해] 배를 타고 바다 위를 다님
	[順航 순항] 순조롭게 항행함

날이 저물면서 또 다시 슬슬 배가 고파 오기 시작했다. 호동에게 인과응보(因果應報)의 깨달음을 얻은 재석이가 밝은 표정으로 불현듯 말했다.

"이제, 밖으로 나가자. 내가 피자 사 줄 게. 기분(氣分)이다!"

짠돌이 재석에게서 평소에는 쉽게 볼 수 없었던 모습에 모두 놀라움을 감추지 못했다.

이번에도 재석이가 말했다.

"왜 그래? 피자 싫어? 마음 바뀌기 전에 빨리 일어나."

재석이가 친구들에게 무언가 사 주겠다고 나서는 일은, 날이면 날마다 있는 일도 아니고, 앞으로도 그럴 가능성(可能性)이 매우 희박한 것이기 때문에, 호동, 휘재, 한석은 부리나케 겉옷을 챙겨 방문을 나섰다.

피자 가게에 도착(倒着)할 때까지 재석이의 말을 100퍼센트 믿을 수 없었던 호동, 휘재, 한석은 주문(注文)한 피자가 눈 앞에 놓여지는 걸 보고서야 비로소 의심의 눈초리를 거두었다.

신선(新鮮)한 샐러드와 음료수(飲料水)까지 곁들여 맛있게 먹다가 호동이가 말했다.

"어? 한 조각이 남네? 우리는 네 명인데 피자가 다섯 조각으로 나뉘어져 나왔어. 이걸 어떻게 하지?"

한석이 조용히 말했다.

"그거야 뭐, 쿵쿵따 게임으로 결정(決定)하면 되지. 제시어(提示語)는 묵은해를 보내고 새해를 맞이한 기념(記念)으로 송구영신(送舊迎新) 어때? 내 생각 기발(奇拔)하지? 하하하."

모두들 좋은 생각이라며 한결같이 한석이의 말에 동의(同意)했다. 게임은 호동, 휘재, 한석, 재석의 순으로 시작되었다.

"꿍스~ 꿍스꿍스~ 쿵쿵따리~ 쿵쿵따~ 쿵쿵따리~ 쿵쿵따!"

송**신소** (送信所) 쿵쿵따 **소등** (消燈) 쿵쿵따 **등정기** (登頂記) 쿵쿵따

기묘 (奇妙) 쿵쿵따 **묘지명** (墓誌銘) 쿵쿵따 **명란** (明卵) 쿵쿵따

난기류 (難氣流) 쿵쿵따 **유수** (流水) 쿵쿵따 **수축률** (收縮率) 쿵쿵따

율법 (律法) 쿵쿵따 **법무부** (法務部) 쿵쿵따 **부귀** (富貴) 쿵쿵따

귀부인 (貴夫人) 쿵쿵따 **인자** (仁慈) 쿵쿵따 **자술서** (自述書) 쿵쿵따

서한 (書翰) 쿵쿵따 **한강수** (漢江水) 쿵쿵따 **수시** (隋時) 쿵쿵따

시낭송 (詩朗誦) 쿵쿵따!

결국 체력이 약한 재석이가 지친 나머지 끝말을 잇지 못했다. 즐거운 네 친구는 피자 한 조각을 위해 계속 전진했다.

送舊迎新 송구영신

묵은 해를 보내고 새로운 해를 맞이함

0962 燈
등 등 | 火 | 총 16획 [4Ⅱ급]
[消燈 소등] 등불을 끔
[點燈 점등] 등에 불을 켬

0963 妙
묘할 묘: | 女 | 총 7획 [4급]
[奇妙 기묘] 생김새가 기이하고 묘하다
[妙案 묘안] 뛰어나게 좋은 생각

0964 卵
알 란 | 卩 | 총 7획 [4급]
[明卵 명란] 명태의 알
[抱卵 포란] 조류의 암컷이 알을 품음

0965 縮
줄일 축 | 糸 | 총 17획 [4급]
[收縮率 수축률] 오그라들고 주는 비율
[減縮 감축] 덜어서 줄임

0966 富
부자 부: | 宀 | 총 12획 [4Ⅱ급]
[富貴 부귀] 재산이 많고 지위가 높음
[甲富 갑부] 으뜸가는 큰 부자

0967 貴
귀할 귀: | 貝 | 총 12획 [5급]
[貴夫人 귀부인] 신분이 높은 집안의 부인
[貴賓 귀빈] 귀한 손님

0968 仁
어질 인 | 人 | 총 4획 [4급]
[仁慈 인자] 마음이 어진 사람
[仁術 인술] 사람을 살리는 어진 의술

이럴 수가……. 호동이는 그만 두 글자 단어를 외치고 말았다. 애써 웃음을 참는 친구들. 두 번째 게임을 재촉하는 호동이의 목소리가 쩌렁쩌렁 사방을 울린다.

0969 漢 한나라 한: | 水 | 총 14획 **7급**
[漢江水 한강수] 한강에 흐르는 물
[漢陽 한양] 서울의 옛 이름

0970 朗 밝을 랑: | 月 | 총 11획 **5급**
[詩朗誦 시낭송] 시를 소리 내어 읽음
[明朗 명랑] 흐린 데 없이 밝고 환함

0971 屈 굽힐 굴 | 尸 | 총 8획 **4급**
[屈服 굴복] 힘이 모자라서 복종함
[屈辱 굴욕] 억눌려 업신여김을 받음

0972 伏 엎드릴 복 | 人 | 총 6획 **4급**
[伏魔殿 복마전] 마귀가 숨어 있는 집
[降伏 항복] 상대편의 힘에 눌리어 굴복함

0973 投 던질 투 | 手 | 총 7획 **4급**
[投圓盤 투원반] 원반던지기 경기
[投票 투표] 의사 표시를 한 용지를 냄

0974 輕 가벼울 경 | 車 | 총 14획 **5급**
[輕量級 경량급] 체중이 가벼운 급
[輕率 경솔] 말, 행동이 조심성 없고 가벼움

0975 規 법 규 | 見 | 총 11획 **5급**
[小規模 소규모] 범위나 크기가 작음
[規格 규격] 규정에 들어맞는 격식

0976 樣 모양 양 | 木 | 총 15획 **4급**
[模樣 모양] 겉으로 나타나는 생김새
[多樣 다양] 여러 가지 모양이나 양식

"꿍스~ 꿍스꿍스~ 쿵쿵따리~ 쿵쿵따~ 쿵쿵따리~ 쿵쿵따!"

영입(迎入) 쿵쿵따 입원실(入院室) 쿵쿵따 실현(實現) 쿵쿵따
현미경(顯微鏡) 쿵쿵따 경신(更新) 쿵쿵따 신소재(新素材) 쿵쿵따
재청(再請) 쿵쿵따 청동검(靑銅劍) 쿵쿵따 검소(儉素) 쿵쿵따
소인배(小人輩) 쿵쿵따 배가(倍加) 쿵쿵따 가부좌(跏趺坐) 쿵쿵따
좌천(左遷) 쿵쿵따 천리향(千里香) 쿵쿵따 향리(鄕里) 쿵쿵따
이사장(理事長) 쿵쿵따 장벽(障壁) 쿵쿵따 벽계수(碧溪水) 쿵쿵따
수라(修羅) 쿵쿵따 나침반(羅針盤) 쿵쿵따 반북(反北) 쿵쿵따
북두성(北斗星) 쿵쿵따 성월(星月) 쿵쿵따……

은근히 피자에 욕심을 내고 있던 한석도 걸려들고 말았다. 승리를 확신

0977 拍	칠 박 | 手 | 총 8획 4급
	[拍手 박수] 두 손뼉을 마주 침
	[拍子 박자] 음악적 시간 구성의 기본 단위

0978 才	재주 재 | 手 | 총 3획 6급
	[秀才 수재] 뛰어난 재주
	[才能 재능] 재주와 능력

0979 現	나타날 현: | 王 | 총 11획 6급
	[實現 실현] 기대를 실제로 이룸
	[現代 현대] 지금의 시대

0980 顯	나타날 현: | 頁 | 총 23획 4급
	[顯微鏡 현미경] 물체를 확대해 보는 기구
	[顯著 현저] 뚜렷하고 분명함

0981 更	다시 갱: / 고칠 경 | 日 | 총 7획 4급
	[更新 경신] 있던 것을 새롭게 고침
	[更生 갱생] 죽을 지경에서 다시 살아남

0982 材	재목 재 | 木 | 총 7획 5급
	[新素材 신소재] 전에 없었던 새로운 소재
	[人材 인재] 학식이나 능력이 뛰어난 사람

0983 儉	검소할 검 | 人 | 총 15획 4급
	[儉素 검소] 꾸밈없이 수수함
	[儉約 검약] 낭비하지 않고 아껴 씀

0984 倍	곱 배: | 人 | 총 10획 5급
	[倍加 배가] 몇 배로 늘어남
	[倍數 배수] 어떤 수의 갑절이 되는 수

하는 휘재. 눈에 불을 켠 호동과 재석.

0985 左 — 왼 좌: ㅣ工ㅣ 총 5획 [7급] [左遷 좌천] 낮은 직위로 떨어짐 [左右 좌우] 왼쪽과 오른쪽	**0989** 斗 — 말 두 ㅣ斗ㅣ 총 4획 [4Ⅱ급] [北斗星 북두성] 큰곰자리의 일곱 개 별 [斗量 두량] 되나 말로 곡식 따위를 셈
0986 里 — 마을 리: ㅣ里ㅣ 총 7획 [7급] [千里香 백리향] 향기가 멀리까지 이름 [鄕里 촌리] 고향 마을	**0990** 月 — 달 월 ㅣ月ㅣ 총 4획 [8급] [星月 성월] 별과 달을 아울러 이르는 말 [月給 월급] 일을 한 대가로 달마다 받는 삯
0987 障 — 막을 장 ㅣ阜ㅣ 총 14획 [4Ⅱ급] [障壁 장벽] 가리어 막은 벽 [故障 고장] 가구, 기계의 기능상 장애	**0991** 雲 — 구름 운 ㅣ雨ㅣ 총 12획 [5급] [雲霧 운무] 구름과 안개 [雲集 운집] 구름처럼 떼지어 모임
0988 羅 — 벌릴/벌 라 ㅣ罓ㅣ 총 19획 [4Ⅱ급] [修羅 수라] 싸우기를 좋아하는 귀신 [羅列 나열] 죽 벌여 놓음	**0992** 趣 — 뜻 취: ㅣ走ㅣ 총 15획 [4급] [惡趣味 악취미] 좋지 못한 취미 [趣旨 취지] 일의 근본이 되는 목적

'쿵' 소리를 내며 호동이는 쓰러지고 말았다. 아무래도 호동의 욕심이 과했던 모양이다. 남은 피자 한 조각은 휘재의 몫이 되었다. 소란한 틈을 타 재석이 슬쩍 피자 가게를 빠져 나가려 했지만, 호동에게 뒷덜미를 잡혔다.

눈물을 글썽이며 재석이가 계산(計算)을 치른 후, 밖으로 나온 네 친구는 즐거웠던 오늘 하루를 아름다운 추억으로 간직하려는 듯, 어깨동무를 한 채 붉은 노을을 향해 가벼운 발길을 옮겼다.

0993 米 쌀 미 | 米 | 총 6획 **6급**
[米穀 미곡] 쌀을 비롯한 갖가지 곡식
[精米 정미] 벼를 찧어 입쌀을 만듦

0994 穀 곡식 곡 | 禾 | 총 15획 **4급**
[穀食 곡식] 사람의 식량이 되는 곡물
[脫穀 탈곡] 이삭에서 낟알을 떨어내는 일

0995 靜 고요할 정 | 靑 | 총 16획 **4급**
[靜中動 정중동] 조용한 중에 어떤 움직임
[靜肅 정숙] 조용하고 엄숙함

0996 核 씨 핵 | 木 | 총 10획 **4급**
[原子核 원자핵] 원자의 중심이 되는 입자
[核心 핵심] 사물의 가장 중심이 되는 부분

0997 貯 쌓을 저: | 貝 | 총 12획 **5급**
[貯蓄 저축] 절약하여 모아 둠
[貯金 저금] 금융 기관에 돈을 맡김

0998 凶 흉할 흉 | ㄴ | 총 4획 **5급**
[奸凶 간흉] 간사하고 흉악함
[凶惡犯 흉악범] 흉악한 범죄를 저지름

0999 俗 풍속 속 | 人 | 총 9획 **4Ⅱ급**
[凡俗 범속] 평범하고 속됨
[俗世間 속세간] 속인들의 세상

1000 或 혹 혹 | 戈 | 총 8획 **4급**
[間或 간혹] 어쩌다가 띄엄띄엄
[或者 혹자] 어떤 사람

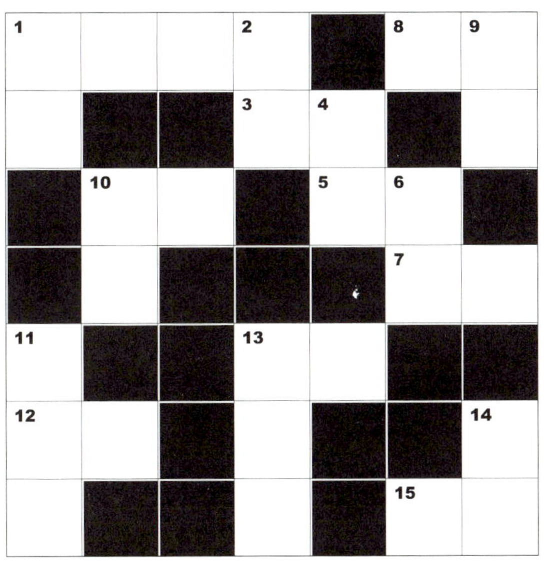

가로 열쇠

1 어떠한 실물을 보게 되면 가지고 싶은 욕심이 생김.
3 개인이 가지고 있는 고유의 성질, 품성. '○○이 쾌활하다.'
5 높은 지위나 등급이나 위치. "내 성적은 학교에서 ○○권이다."
7 서로 관련을 가짐. 또는 그런 관계. "어떤 사고가 나든 나와는 ○○이 없는 일이다."
8 예의에 관한 모든 절차나 질서. "너는 참 ○○이 바르구나."
10 남의 물건을 맡아 둠.
12 길을 가는 사람. "밤이 되면 거리에는 ○○의 발걸음이 뜸해진다."
13 짙은 붉은색. '위험을 알리는 ○○ 신호.'
15 국가나 공공 단체 또는 사회 단체 등이 어느 행위나 물건에 대하여 인정함.
"이번에 세운 기록은 국제적인 ○○을 받지 못하였다."

세로 열쇠

1 어떤 일을 하는 데 필요한 비용 따위를 미리 어림잡아 계산함.
"아파트 내부 수리를 하는 데 ○○이 얼마나 나올 것 같습니까?"
2 타고난 마음씨. "너는 참 ○○이 곱다."
4 자격이나 등급, 지위 따위의 격이 높아짐. 또는 그것을 높임. 격하(格下)의 반대말.
6 어떤 사물이 다른 사물과의 관계 속에서 가지는 위치나 상태. '○○을 높이다.'
9 일을 치르는 데 거쳐야 하는 순서나 방법. '입학 수속 ○○를 마치다.'
10 외국에 머물면서 공부함.
11 여행을 다니면서 기록한 글. 기행문.
13 혈액 속에 들어 있는 붉은색의 고형 성분. 주로 골수에서 만들어지며 속에 함유되어 있는 헤모글로빈은 산소를 몸의 각 부분에 나르는 구실을 한다
14 어떤 사실을 마땅하다고 받아들임. '유학을 가려고 부모님의 ○○을 얻다.'

정답은 245쪽

약자(略字)와 속자(俗字) 살펴보기

약자는 실용적인 목적에서 복잡한 한자의 자획이나 점을 생략해 만든 한자이다. 또한 속자는 올바른 자체(字體)는 아니지만, 흔히 관용적으로 쓰여 틀린 것으로 취급되지 않는 한자이다. 정자(正字)를 기본으로 배우지만 약자와 속자 또한 실생활에서 자주 사용되므로 익혀 둘 필요가 있다.

ㄱ

價 값 가 : 価
假 거짓 가 : 仮
覺 깨달을 각 : 覚
據 근거 거 : 拠
擧 들 거 : 挙
儉 검소할 검 : 倹
劍 칼 검 : 剣
堅 굳을 견 : 堅
經 지날 경 : 経
輕 가벼울 경 : 軽
繼 이을 계 : 継
關 관계할 관 : 関
觀 볼 관 : 観
廣 넓을 광 : 広
鑛 쇳돌 광 : 鉱
舊 예 구 : 旧
區 구분할 구 : 区
國 나라 국 : 国
勸 권할 권 : 勧
權 권세 권 : 権, 权
歸 돌아갈 귀 : 帰
龜 거북 구, 귀 : 亀
氣 기운 기 : 気
緊 긴할 긴 : 緊

ㄷ

斷 끊을 단 : 断
單 홑 단 : 単
團 둥글 단 : 団
擔 멜 담 : 担
膽 쓸개 담 : 胆
當 마땅 당 : 当
黨 무리 당 : 党
對 대할 대 : 対
圖 그림 도 : 図
獨 홀로 독 : 独
讀 읽을 독 : 読
燈 등 등 : 灯

ㄹ

樂 즐길 락 : 楽
亂 어지러울 란 : 乱
來 올 래 : 来
兩 두 량 : 両
麗 고울 려 : 麗
勵 힘쓸 려 : 励
獵 사냥 렵 : 猟
靈 신령 령 : 霊
禮 예도 예 : 礼
勞 일할 로 : 労

ㄹ (계속)

爐 화로 로 : 炉
龍 용 룡 : 竜
樓 다리 루 : 楼

ㅁ

萬 일만 만 : 万
滿 찰 만 : 満
灣 물굽이 만 : 湾
蠻 오랑캐 만 : 蛮
賣 팔 매 : 売
麥 보리 맥 : 麦

ㅂ

發 필 발 : 発
變 변할 변 : 変
邊 가 변 : 辺
倂 아우를 병 : 併
竝 나란히 병 : 並
寶 보배 보 : 宝
佛 부처 불 : 仏
拂 떨칠 불 : 払

ㅅ

師 스승 사 : 师

辭 말씀 사 : 辞
絲 실 사 : 糸
寫 베낄 사 : 写
狀 형상 상 : 状
雙 두 쌍 : 双
釋 풀 석 : 釈
纖 가늘 섬 : 繊
聲 소리 성 : 声
數 셈 수 : 数
獸 짐승 수 : 獣
壽 목숨 수 : 寿
隨 따를 수 : 随
肅 엄숙할 숙 : 肅
實 열매 실 : 實

ㅇ

兒 아이 아 : 児
亞 버금 아 : 亜
惡 악할 악 : 悪
壓 누를 압 : 圧
壤 흙덩이 양 : 壤
樣 모양 양 : 様
餘 남을 여 : 余
與 줄 여 : 与
驛 역 역 : 駅
譯 번역할 역 : 訳
鹽 소금 염 : 塩
榮 영화 영 : 栄
豫 미리 예 : 予
譽 기릴 예 : 誉
藝 재주 예 : 芸

鬱 답답할 울 : 欝
圍 에워쌀 위 : 囲
應 응할 응 : 応
醫 의원 의 : 医
貳 두 이 : 弐
壹 한 일 : 壱

ㅈ

蠶 누에 잠 : 蚕
雜 섞일 잡 : 雑
壯 장할 장 : 壮
將 장수 장 : 将
獎 장려할 장 : 奨
裝 꾸밀 장 : 装
爭 다툴 쟁 : 争
轉 구를 전 : 転
傳 전할 전 : 伝
戰 싸움 전 : 戦
錢 돈 전 : 銭
點 점 점 : 点
齊 가지런할 제 : 斉
濟 건널 제 : 済
劑 약제 제 : 剤
證 증거 증 : 証

ㅊ

參 참여할 참 : 参
慘 참혹할 참 : 惨
處 곳 처 : 処
淺 얕을 천 : 浅

鐵 쇠 철 : 鉄
廳 관청 청 : 庁
聽 들을 청 : 聴
體 몸 체 : 体
總 다 총 : 総
蟲 벌레 충 : 虫
醉 취할 취 : 酔
齒 이 치 : 歯
稱 일컬을 칭 : 称

ㅌ

彈 탄알 탄 : 弾
擇 가릴 택 : 択
澤 못 택 : 沢

ㅎ

學 배울 학 : 学
解 풀 해 : 解
虛 빌 허 : 虚
顯 나타날 현 : 顕
賢 어질 현 : 賢
螢 반딧불 형 : 蛍
號 이름 호 : 号
畵 그림 화 : 画
擴 넓힐 확 : 拡
懷 품을 회 : 懐
會 모일 회 : 会
興 일 흥 : 興

부록

한자 색인
한자 퍼즐 정답
전국한자능력검정시험 안내

가	家	집 가	7급	0026
	歌	노래 가	7급	0251
	價	값 가	5급	0398
	可	옳을 가	5급	0668
	加	더할 가	5급	0814
	假	거짓 가	4Ⅱ	0891
	街	거리 가	4Ⅱ	0681
	暇	겨를/틈 가	4급	0327
각	角	뿔 각	6급	0688
	各	각각 각	6급	0874
	覺	깨달을 각	4급	0687
	刻	새길 각	4급	0626
간	間	사이 간	7급	0262
	看	볼 간	4급	0800
	簡	대쪽 간	4급	0752
	干	방패 간	4급	0916
감	監	볼 감	4Ⅱ	0324
	減	덜 감	4Ⅱ	0520
	甘	달 감	4급	0481
	敢	감히 감	4급	0735
	感	느낌 감	6급	0129
갑	甲	갑옷 갑	4급	0573
강	江	강 강	7급	0905
	强	굳셀 강	6급	0890
	康	편안할 강	4Ⅱ	0848
	講	욀/익힐 강	4Ⅱ	0517
	降	내릴 강	4급	0350
개	開	열 개	6급	0886
	改	고칠 개	5급	0936
	個	낱 개	4Ⅱ	0875
객	客	손님 객	5급	0863
갱	更	다시 갱	4급	0981
거	車	수레 거/차	7급	0151
	擧	들 거	5급	0511
	去	갈 거	5급	0512
	巨	클 거	4급	0583
	據	근거 거	4급	0194
	拒	막을 거	4급	0582
	居	살 거	4급	0195
건	建	세울 건	5급	0396
	件	사건/물건 건	5급	0395
	健	굳셀 건	5급	0847
걸	傑	뛰어날 걸	4급	0140
검	檢	검사할 검	4Ⅱ	0852
	儉	검소할 검	4급	0983
격	格	격식 격	5급	0104
	擊	칠 격	4급	0711
	激	격할 격	4급	0937
견	見	볼 견/뵈올 현	5급	0439
	堅	굳을 견	4급	0926
	犬	개 견	4급	0438
결	決	결단할 결	5급	0399
	結	맺을 결	5급	0608
	潔	깨끗할 결	4Ⅱ	0794
	缺	이그러질 결	4Ⅱ	0795
경	京	서울 경	6급	0584
	敬	공경할 경	5급	0949
	景	볕 경	6급	0305
	輕	가벼울 경	5급	0974
	競	다툴 경	5급	0306
	經	지날/글 경	4Ⅱ	0498
	境	지경 경	4Ⅱ	0461
	慶	경사 경	4Ⅱ	0585
	警	깨우칠 경	4Ⅱ	0499
	驚	놀랄 경	4급	0885
	傾	기울 경	4급	0402
	鏡	거울 경	4급	0401
계	界	지경 계	6급	0462
	計	셀 계	6급	0811
	係	맬 계	4Ⅱ	0896
	繼	이을 계	4급	0828
	階	섬돌 계	4급	0084
	戒	경계할 계	4급	0083
	季	계절 계	4급	0463
	鷄	닭 계	4급	0595
	系	이어맬 계	4급	0289
고	高	높을 고	6급	0377
	苦	쓸 고	6급	0263
	古	예 고	6급	0061
	告	고할 고	5급	0773
	考	생각할 고	5급	0060
	固	굳을 고	5급	0746
	故	연고 고	4Ⅱ	0745
	孤	외로울 고	4급	0714
	庫	곳집 고	4급	0376
곡	曲	굽을 곡	5급	0684
	穀	곡식 곡	4급	0994
곤	困	곤할 곤	4급	0192
골	骨	뼈 골	4급	0574
공	工	장인 공	7급	0114
	空	빌 공	7급	0799
	公	공평할 공	6급	0115
	功	공 공	6급	0101
	共	한가지 공	6급	0102
	孔	구멍 공	4급	0383
	攻	칠 공	4Ⅱ	0650
과	科	과목 과	6급	0238
	果	실과 과	6급	0609
	課	공부할 과	5급	0301
	過	지날 과	5급	0237
관	關	관계할 관	5급	0113

인	人	사람 인	8급	0254
	因	인할 인	5급	0066
	認	알 인	4Ⅱ	0876
	印	도장 인	4Ⅱ	0860
	引	끌 인	4Ⅱ	0871
	仁	어질 인	4급	0968
일	一	한 일	8급	0110
	日	날 일	8급	0219
임	任	맡길 임	5급	0733
입	入	들 입	7급	0470
자	自	스스로 자	7급	0266
	子	아들 자	7급	0449
	字	글자 자	7급	0622
	者	놈 자	6급	0265
	姿	모양 자	4급	0775
	姉	손위누이 자	4급	0006
	資	재물 자	4급	0610
작	昨	어제 작	6급	0960
	作	지을 작	6급	0683
잔	殘	남을 잔	4급	0782
잡	雜	섞일 잡	4급	0201
장	長	긴 장	8급	0137
	場	마당 장	7급	0361
	章	글 장	6급	0532
	將	장수 장	4Ⅱ	0490
	障	막을 장	4Ⅱ	0987
	壯	장할 장	4급	0596
	腸	창자 장	4급	0374
	裝	꾸밀 장	4급	0148
	獎	장려할 장	4급	0375
	帳	장막 장	4급	0889
	張	베풀 장	4급	0640

재	才	재주 재	6급	0978
	在	있을 재	6급	0602
	財	재물 재	5급	0244
	材	재목 재	5급	0982
	災	재앙 재	5급	0243
	再	두 재	5급	0162
쟁	爭	다툴 쟁	5급	0307
저	貯	쌓을 저	5급	0997
	低	낮을 저	4Ⅱ	0910
	底	밑 저	4급	0909
적	的	과녁 적	5급	0700
	赤	붉을 적	5급	0839
	敵	대적할 적	4Ⅱ	0480
	適	맞을 적	4급	0716
	籍	문서 적	4급	0589
	賊	도둑 적	4급	0479
	績	길쌈 적	4급	0320
	積	쌓을 적	4급	0838
전	電	번개 전	7급	0056
	全	온전 전	7급	0915
	前	앞 전	7급	0315
	戰	싸움 전	6급	0535
	典	법 전	5급	0648
	傳	전할 전	5급	0009
	展	펼 전	5급	0803
	田	밭 전	4Ⅱ	0418
	專	오로지 전	4급	0649
	轉	구를 전	4급	0534
	錢	돈 전	4급	0088
절	節	마디 절	5급	0425
	切	끊을 절	5급	0426
	絶	끊을 절	4Ⅱ	0844
	折	꺾을 절	4급	0723
점	店	가게 점	5급	0343
	點	점 점	4급	0282

점	占	점령할 점	4급	0124
접	接	이을 접	4Ⅱ	0547
정	正	바를 정	7급	0121
	庭	뜰 정	6급	0756
	定	정할 정	6급	0755
	情	뜻 정	5급	0249
	停	머무를 정	5급	0823
	精	정할 정	4Ⅱ	0100
	程	길 정	4Ⅱ	0099
	政	정사 정	4Ⅱ	0250
	丁	장정 정	4급	0822
	整	가지런할 정	4급	0933
	靜	고요할 정	4급	0995
제	弟	아우 제	8급	0261
	第	차례 제	6급	0819
	題	제목 제	6급	0759
	祭	제사 제	4Ⅱ	0761
	濟	건널 제	4Ⅱ	0614
	製	지을 제	4Ⅱ	0336
	際	즈음/가 제	4Ⅱ	0579
	制	절제할 제	4Ⅱ	0423
	提	끌 제	4Ⅱ	0143
	除	덜 제	4Ⅱ	0760
	帝	임금 제	4급	0411
조	祖	할아비 조	7급	0258
	朝	아침 조	6급	0544
	調	고를 조	5급	0725
	操	잡을 조	5급	0806
	助	도울 조	4Ⅱ	0545
	鳥	새 조	4Ⅱ	0643
	造	지을 조	4Ⅱ	0739
	早	이를 조	4Ⅱ	0543
	條	가지 조	4급	0908
	組	짤 조	4급	0808
	潮	조수 조	4급	0644
족	足	발 족	7급	0149

출	出	날 출	7급	0776
충	充	채울 충	5급	0728
	蟲	벌레 충	4Ⅱ	0727
	忠	충성 충	4Ⅱ	0109
취	取	가질 취	4Ⅱ	0203
	趣	뜻 취	4급	0992
	就	나아갈 취	4급	0559
측	測	헤아릴 측	4Ⅱ	0571
층	層	층 층	4급	0841
치	致	이를 치	5급	0599
	置	둘 치	4Ⅱ	0155
	齒	이 치	4Ⅱ	0474
	治	다스릴 치	4Ⅱ	0078
칙	則	법칙 칙/곧 즉	5급	0217
친	親	친할 친	6급	0572
칠	七	일곱 칠	8급	0932
침	侵	침노할 침	4Ⅱ	0784
	寢	잘 침	4급	0770
	針	바늘 침	4급	0769
칭	稱	일컬을 칭	4급	0446
쾌	快	쾌할 쾌	4Ⅱ	0674
타	打	칠 타	5급	0209
	他	다를 타	5급	0208
탁	卓	높을 탁	5급	0955
탄	炭	숯 탄	5급	0433
	彈	탄알 탄	4급	0928
	歎	탄식할 탄	4급	0929

탈	脫	벗을 탈	4급	0117
탐	探	찾을 탐	4급	0883
태	太	클 태	6급	0698
	態	모습 태	4Ⅱ	0697
택	宅	집 택/댁	5급	0408
	擇	가릴 택	4급	0228
토	土	흙 토	8급	0016
	討	칠 토	4급	0956
통	通	통할 통	6급	0678
	統	거느릴 통	4Ⅱ	0290
	痛	아플 통	4급	0677
퇴	退	물러날 퇴	4Ⅱ	0062
투	鬪	싸움 투	4급	0536
	投	던질 투	4급	0973
특	特	특별할 특	6급	0866
파	波	물결 파	4Ⅱ	0857
	破	깨뜨릴 파	4Ⅱ	0122
	派	갈래 파	4급	0856
판	板	널 판	5급	0625
	判	판단할 판	4급	0624
팔	八	여덟 팔	8급	0636
패	敗	패할 패	5급	0781
편	便	편할 편	7급	0123
	篇	책 편	4급	0675
평	平	평평할 평	7급	0472
	評	평할 평	4급	0471

폐	閉	닫을 폐	4급	0940
포	砲	대포 포	4Ⅱ	0771
	包	쌀 포	4Ⅱ	0393
	布	베 포/보시 보	4Ⅱ	0772
	胞	세포 포	4급	0271
폭	暴	사나울 폭	4Ⅱ	0527
	爆	불 터질 폭	4급	0877
표	表	겉 표	6급	0032
	票	표 표	4Ⅱ	0384
	標	표할 표	4급	0385
품	品	물건 품	5급	0141
풍	風	바람 풍	6급	0248
	豊	풍년 풍	4Ⅱ	0564
피	疲	피곤할 피	4급	0391
	避	피할 피	4급	0768
필	必	반드시 필	5급	0029
	筆	붓 필	5급	0028
하	下	아래 하	7급	0554
	夏	여름 하	7급	0935
	河	물 하	5급	0351
학	學	배울 학	8급	0239
한	韓	한국/나라 한	8급	0073
	漢	한나라 한	7급	0969
	寒	찰 한	5급	0662
	限	한할 한	4Ⅱ	0509
	閑	한가할 한	4급	0913
	恨	한 한	4급	0508
합	合	합할 합	6급	0221
항	港	항구 항	4Ⅱ	0580

한자 퍼즐 정답

전국한자능력검정시험이란?

전국한자능력검정시험(全國漢字能力檢定試驗)은 사단법인 한국어문회(社團法人 韓國語文會)가 주관(主管)하고 한국한자능력검정회(韓國漢字能力檢定會)가 시행하는 한자 활용 능력 검정시험이다.

1992년 12월 9일 1회 시험 이래로 꾸준히 이어져, 2001년 5월 19일 18회부터 국가 공인시험(1급~4급, 교육인적자원부 공인증서 제2000-1호, 제2003-1호)으로 치러지고 있다. 전국한자능력검정시험의 수험 자격은 남녀노소, 학력, 직업에 제한이 없으며, 공인 한자능력급수증을 획득할 경우 진학과 취업에 각종 혜택이 주어진다. 전국한자능력검정시험은 개인별 한자 습득 정도에 대한 객관적인 검정과 한자 습득 의욕을 증진시키고, 사회적으로 한자 활용 능력을 인정받는 우수한 인재를 양성함을 목적으로 한다.

♣ 2003년 시험 일정

구분		접수 기간		시험일시	합격자 발표	비고
		인터넷 접수	접수처 방문 접수			
제23회	교육 급수	3월 10일 ~ 3월 12일	3월 18일 ~ 3월 20일	4월 26일 오후 3시	5월 26일	
	공인 급수	3월 31일 ~ 4월 4일	4월 8일 ~ 4월 10일	5월 3일 오후 3시	6월 3일	
제24회	교육 급수	6월 9일 ~ 6월 11일	6월 17일 ~ 6월 19일	7월 26일 오후 3시	8월 26일	
	공인 급수	6월 30일 ~ 7월 2일	7월 8일 ~ 7월 10일	8월 2일 오후 3시	9월 1일	
제25회	교육 급수	9월 3일 ~ 9월 5일	9월 16일 ~ 9월 18일	10월 25일 오후 3시	11월 25일	
	공인 급수	9월 30일 ~10월 2일	10월 7일 ~10월 9일	11월 1일 오후 3시	12월 1일	

♣ 응시 자격 및 급수 배정

1. 응시 자격 : 남녀노소, 나이, 학력, 직업 등에 제한 없이 응시 가능
2. 급수배정

급수	수준 및 특성	
8급	읽기 50자, 쓰기 없음	유치원생이나 초등학생의 학습동기 부여를 위한 급수
7급	읽기 150자, 쓰기 없음	한자 공부를 처음 시작하는 분을 위한 초급 단계
6급Ⅱ	읽기 300자, 쓰기 50자	한자 쓰기를 시작하는 첫 급수
6급	읽기 300자, 쓰기 150자	기초 한자 쓰기를 시작하는 급수
5급	읽기 500자, 쓰기 300자	학습용 한자 쓰기를 시작하는 급수
4급Ⅱ	읽기 750자, 쓰기 400자	5급과 4급의 격차를 해소하기 위한 급수
4급	읽기 1,000자, 쓰기 500자	초급에서 중급으로 올라가는 급수
3급Ⅱ	읽기 1,400자, 쓰기 750자	4급과 3급의 격차를 해소하기 위한 급수
3급	읽기 1,807자, 쓰기 1,000자	신문 또는 일반 교양어를 읽을 수 있는 수준
2급	읽기 2,350자, 쓰기 1,807자	일상 한자어를 구사할 수 있는 수준
1급	읽기 3,500자, 쓰기 2,000자	국한혼용 고전을 불편 없이 읽고, 공부할 수 있는 수준

* 권장 급수 : 초등학생은 4급, 중·고등학생은 3급, 대학생 및 성인은 2급과 1급.

♣ 출제 유형

구분	1급	2급	3급	3급Ⅱ	4급	4급Ⅱ	5급	6급	6급Ⅱ	7급	8급
읽기 배정 한자	3,500	2,350	1,807	1,400	1,000	750	500	300	300	150	50
쓰기 배정 한자	2,000	1,807	1,000	750	500	400	300	150	50	0	0
독음	50	45	45	45	30	35	35	33	32	32	25
훈음	32	27	27	27	22	22	24	23	30	30	25
장단음	10	5	5	5	5	0	0	0	0	0	0
반의어	10	10	10	10	3	3	4	4	3	3	0
완성형	15	10	10	10	5	5	5	4	3	3	0
부수	10	5	5	5	3	3	0	0	0	0	0
동의어	10	5	5	5	3	3	3	2	0	0	0
동음이의어	10	5	5	5	3	3	3	2	0	0	0
뜻풀이	10	5	5	5	3	3	3	2	2	2	0
약자 / 속자	3	3	3	3	3	3	3	0	0	0	0
한자 쓰기	40	30	30	30	20	20	20	20	10	0	0

* 상위 급수 한자는 모두 하위 급수 한자를 포함하고 있음.

* 쓰기 배정 한자는 한두 급수 아래의 읽기 배정 한자이거나 그 범위 내에 있음.

* 출제 유형표는 기본 지침 자료로서, 출제자의 의도에 따라 차이가 있을 수 있음.

♣ 출제 문항 수 및 급수 취득시 자격 사항

급수	출제 문항	한자 배정		합격 점수		시험 시간(분)	자격증
		읽기	쓰기	합격 문항	백분율(%)		
1급	200	3,500	2,000	160	80	90	국가 공인 자격증
2급	150	2,350	1,807	105		60	
3급	150	1,807	1,000	105		60	
3급Ⅱ	150	1,400	750	105		60	
4급	100	1,000	500	70		50	
4급Ⅱ	100	750	400	70	70	50	민간 자격증
5급	100	500	300	70		50	
6급	90	300	150	63		50	
6급Ⅱ	80	300	50	56		50	
7급	70	70	없음	49		50	
8급	50	50	없음	35		50	

* 취득한 자격증에 따라 초 · 중 · 고등학생 생활기록부 등재.

　대학 수시모집 및 특기자 전형 지원,

　대입 면접 가산 · 학점 반영 · 졸업 인증, 기업체 입사 · 승진 · 인사 고과 등에 반영됨.

기타 자세한 사항은 '한국한자능력검정회'에 문의

전화(02)525-4951, 팩스(02)525-4954, http://www.hanja.re.kr